THE
CORNER OFFICE

拐角地带

CEO必修的领导力课程

亚当·布赖恩特　著
金阳　　孙一文　译

北京联合出版公司
Beijing United Publishing Co.,Ltd.

目录 CONTENTS

第一部分　成功之道

第一章　强烈的求知欲 / 003

第二章　百折不挠的自信心 / 016

第三章　团队智慧 / 033

第四章　简洁的思维 / 045

第五章　无所畏惧 / 055

第六章　职业建议：做足准备、保持耐心以及跨越障碍 / 063

第二部分　管理之道

第七章　等待着你的惊喜 / 081

第八章　时间管理 / 093

第九章　香蕉、铃铛及开会的艺术 / 103

第十章　巧妙的面试 / 116

第十一章　走出你的办公室 / 134

第十二章　成为导师，而非评论家 / 147

第三部分
领导力

第十三章　创造使命感 / 163

第十四章　小举动，大回报 / 177

第十五章　转型 / 187

第十六章　建立企业文化 / 197

第十七章　领导力究竟是什么 / 221

第一部分

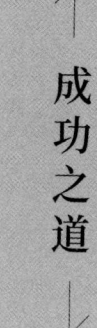

成功之道

/ 第一章 /

强烈的求知欲

设想一家大公司里有100名工作人员，年龄大致都在35岁上下。他们都可以担任公司的副总裁，有很多相似的特质，具备坐上现在位置的能力。他们都很聪明，职权也相当，并且都辛勤工作；他们自认为富有合作精神，工作积极，并且善于沟通；他们对工作认真负责，为人正直诚实。

如果每个人都具有上述这些特质，组织应该依据什么因素来决定谁应该得到晋升？谁又能够继续晋级，并且不只是进一级，而是不断往上晋升？当他们越爬越高，接近公司顶层的"天花板"时，空缺职位将会越来越少，最高领导者的岗位竞争也愈发激烈。这时候，谁能获得直接向CEO汇报工作的岗位呢？什么因素能够使他们脱颖而出？等到现任CEO离职，谁又将获得董事会的认可，入驻CEO的办公室？

换句话说，领导一个组织——运动队也好，非营利性组织也好，又或者新兴企业、跨国公司，需要具备哪些能力呢？归根结底，取得最高成就的关键法门或独特因素到底是什么呢？

我们采访了75位CEO和其他高层领导人，得出了成功人士必备的五个特质，即大多数CEO都具备的特质，这也是他们在雇用下属时都会着重寻找的特质。

好消息是这些成功的关键特质与个人基因无关。也就是说，身材高大或左撇子不是关键，出生在富裕家庭也不是关键（刚脱掉尿不湿就被带去高尔夫俱乐部或者玩国际象棋不是加分项）。这些特质是每个人都力所能及的，能够通过态度、习惯以及规则养成。它们可以让你在任何一种情境或组织中都能脱颖而出，让你成为一个更杰出的雇员、管理者乃至领导者，而且会照亮你的事业发展道路，使你快速成长。

这就是领导者们具备的特质——强烈的求知欲、百折不挠的自信心、团队智慧、简洁的思维和无畏的魄力。

本书讲述的并不是理论，而是高层领导者积累了数十年的经验。他们分享了各自的观点和奋斗历程，以及他们从组织中为何提拔一些人而非其他人的个中缘由。每种特质都至关重要，内容包罗万象，因此本书划分为五个部分，分别阐述每种特质。

让我们先从强烈的求知欲开始。

* * *

许多成功的CEO都是充满强烈求知欲的人。

他们的这一面很少呈现在大众媒体或投资者会议上，这是有其原因的。在商业领域，人们对CEO怀有期待，希望CEO向观众发表PPT演讲时，能够展现出坚定的信心；阐述满页的图表，预测公司收益与利润稳定增长时，平易近人又不失专业权威。这种坚定性就是他们在商业游戏中需要戴上的面具。他们拿了报酬，就应该给出答案，就应该时刻警惕四周，对业内的竞争格局了如指掌。当他们顺利完成任务后，他们的形象就会出现在光鲜的商业杂志封面上。传递出的信息就是，他们已经把问题解决了——他们破解了商业密码。

不过，要是让这些成功人士从熟悉的情节和设定中抽离出来，问问他们别的问题，比如从以往生活中收获的重要经验是什么，他们平常是如何管理领导公司的，他们的另一面就会出现了——与各种棘手问题过招，经历失败、疑惑与错误，他们也会提出有关重大事项的疑惑。他们看起来就像是勤奋的学生，对真知灼见与经验教训如饥似渴，真诚热情地被身边的各种事情所吸引。将他们从资产负债表和企业战略的问题中解放出来后，他们看起来更像是天生有着敏锐思维的老师。他们会好奇事物为什么会按照现在的方式运行，思考这些事情是否还能优化改进。他们想要知道他人的故事，以及他人在做的事情。

正是这不曾间断的追问求索，让企业家能够发现新机遇，让管理者理解员工，找到团结队伍、高效工作的方式。正因如此，当要求CEO们描述"CEO"这一岗位究竟是什么样的时候，他们才会不谋而合地表达出同样的观点："我只是'人性'课堂中的一名学生。"

正是这样的敏锐思维，使一名CEO能够处理直接递交给他的每份报告，不管是来自市场部、财务部、运营部还是研发部，并且即使不具备下属拥有的专业知识，也能一语中的，抓住问题的核心。这些

CEO未必是他们办公室中最聪明的人，但却是最好的学生——"首席执行官"（Chief Executive Officer）这个词恰好与"首席教育官"（Chief Education Officer）的缩写相同。他们学习、教导，能够理解他人，也能理解商业社会，然后将所有的知识汇聚起来推动自己的组织前进。

福特汽车公司（Ford Motor Company）的CEO艾伦·穆拉利（Alan Mulally）这样说道："你要从每个人身上学习。我总是想学习所有的事情，想要理解我周围的每个人——他们对所做的事情是怎么想的，他们为什么做手中的这些事情，他们利用了什么有用的方法，又尝试过哪些无用的方法。"

道恩·莱伯雷（Dawn Lepore）是Drugstore.com网站的CEO，她利用了过去在Schwab公司担任首席技术官的机会，从其他CEO身上学习领导力。

莱伯雷说："成为Schwab的CIO（首席信息官）后，我经常有机会与很多技术型的CEO交流，因为他们会过来向我兜售产品。我因此见到了斯科特·麦克尼利（Scott McNealy）、比尔·盖茨（Bill Gates）、史蒂夫·鲍尔默（Steve Ballmer）、约翰·钱伯斯（John Chambers）以及其他著名的CEO。我总会这样对他们说，'我们可以先谈谈你们的产品，但我特别希望你能多谈谈你们的公司、企业文化以及领导方式。'我的确是在向他们取经，从他们每个人身上都学到了东西。我还服务过一群风格各异的董事会领导，我不仅有机会向公司的CEO学习，还能从董事会的其他成员身上学到东西。"

有些人认为自己偏向左脑优势，善于分析思维；有些人则认为自己更富有创造力，具备右脑优势。然而，这种说法对于这些高管并不适用，他们不排斥任何事情。每件事都可以是重要而有趣的，每个新的领域都值得去研究并掌握。

卡罗尔·史密斯（Carol Smith）说："我既不是一个很理性的人，也不是一个很感性的人。"他是 *Elle* 杂志集团的高级副总裁、首席品牌官，"我完全是两者的结合体，必定拥有一个平衡型大脑，我认为这种大脑可能是我这个岗位最需要的，它让我受益匪浅。"

戴维·C.诺瓦克（David C.Novak）是百胜餐饮集团的CEO，管理着必胜客、塔可钟、肯德基等快餐连锁店。他就喜欢雇用有着那种平衡型大脑的人。

诺瓦克说："最理想的情况下，大家都想找一个全脑型的人——既可以做分析，又有足够的创造力想出好点子，还有能力带领企业革新前进，实现超越员工所能想象的目标。不过，我认为左脑分析型的人要比真正具有创造力的人更容易找到。所以，我认为我们的领导团队——那些最终能够管理公司并最大程度发挥员工价值的管理者，应该是全脑型人才——既能做分析，也具有创造力，即右脑的优势才能。如今，人们对创造力的重视程度超越了以往任何阶段。"

计算机图形图像公司英伟达（Nvidia）的CEO黄仁勋则告诉我们，他的左右两边大脑对于他发现新机遇起了同样重要的作用。

他说："我不喜欢依据分析来做决策，而是偏好凭直觉做决定，再用分析来验证决策。我不认为成功的道路可以通过分析来获得。成功的道路很复杂，你不得不利用直觉，它涉及方方面面——艺术感受力、情感智力以及经验。一旦选择了一个方向，你就需要尽可能地反复验证。我认为成功者在这两方面都具有优势。"

* * *

为什么成功的领导者需要有"强烈的求知欲"？

"激情"和"求知欲"这两个特质组合在一起会产生超出部分之和的效果。有不少CEO都会将激情或求知欲当作他们寻找人才的重要标准。

关于二者各自的重要性，他们给出了说服性的案例。

约瑟夫·J.普卢梅里（Joseph J. Plumeri）是韦莱集团控股公司（Willis Group Holdings）的CEO，也是一名保险经纪人。他说："我真正关心的就是，我在与什么样的人打交道，所以我只会问一个问题：'告诉我，你热爱什么。'就是这样的一个问题。随便聊什么都行，告诉我你热爱什么就好。挖洞也好，骑单车也罢。我就是想看看他们是否有这样的激情，除了工作之外，他们的生活是否有动力。从这些就可以看出，他们对这份工作会有多大热情，有多兴奋，又有多积极。我并不是在寻找自己的翻版，只是在寻找那些能对某些事情抱有极大热情的人。如果找到了这样的人，他们就是我愿意与之一路同行、披荆斩棘的人。"

迪士尼的CEO罗伯特·艾格（Robert Iger）说，求知欲是他考评岗位应征者的关键特质。他说："我喜欢求知欲，我们这份事业尤其需要求知欲——不仅要对世界好奇，更要对自身所处的行业、新的商业模式和新的技术有好奇心。如果一个人对技术及其对自己生活的潜在影响缺少好奇心,那么,他也无从得知技术对其他人的生活会产生怎样的影响。"

激情、求知欲——两者都很重要。不过,要是把它们割裂开来,就无法准确捕捉到CEO身上这类与众不同的特质。可以说,有很多人都是充满激情的,但他们的激情多半仅限于个别领域。世界上也有很多充满求知欲的人,但他们也只能算是局外人。

由企业图书馆公司(The Corporate Library)的联合创始人内尔·米诺(Nell Minow)提出的"强烈的求知欲"(passionate curiosity)这一词组,其中的内涵远大于两个单词本身含义的拼凑,这个词组可以更好地描述出CEO身上那种超群的特质,即对周遭万事万物都怀有难以遏制的迷恋。

米诺说:"强烈的求知欲对于任何工作而言都不可或缺。这类人对周遭事物十分警醒,与环境积极互动,勤奋好学,这样的人不正是你的公司所需要的嘛!"

无论这类人在哪里,无论他们在做什么,他们对于各种信息和观点都能像海绵一样广泛吸收。

百胜餐饮集团的诺瓦克说:"我认为,最优秀的领导者是真正的模式化思考者。他们都想变得更好。那么,他们是否能持续不断提升自我呢?是否会向外部寻求新点子来推动企业成长呢?我关注他们各自的成长背景。事实证明,他们会一直尽可能地学习如何成为更优秀的领导者,如何构建更完善的商业体系。他们会吸收一切他们能吸收的东西,以确保他们能成为自己可以做到的最佳领导者。随后,他们还会与其他人分享自己的所学所知。"

* * *

虽然股东们支付CEO高额薪水是希望他们能够提供答案,但CEO对于公司的最大贡献可能在于提出正确的问题——这是由强烈的求知欲发展出来的技能。

他们知道自己不可能知道所有事情的答案——这就是为什么他们会雇用专家来处理公司中各种各样的专项事务,但他们能提出正确的问题,推动公司向正确的方向发展,团结所有的职员。毕竟,有问题的地方才会有新机遇。

洲际酒店集团(InterContinental Hotels Group)CEO安德鲁·科斯莱特(Andrew Cosslett)这样说:"在商业领域里,你提出的问题若能挑战各行各业中现存的企业传统,就会获得惊喜。我工作过的每个行业中,都有大量的成本和价值被冻结在各项事务中,人们想当然地'按照现在做事的方式'继续执行,或者想当然地认为那些事对于宾客(酒店领域)的体验至关重要。所以,你不得不去与人们交谈、提问。我的工作就是反反复复地问人们,'你为什么这样做?'"

这是非常重要的一课。商业世界中经常出现令人一筹莫展的困境和定局,最重要的突破可能就来自提问,就像一个5岁的孩子那样执着地提出最简单的问题:你为什么做这件事?这件事为什么要这样做?是否有更好的方式?

设计公司IDEO的CEO蒂姆·布朗(Tim Brown)说:"我的确认为,这就是人们经常忽视的事情。作为领导者,我们最重要的作用可能就是提出正确的问题。但我们忽视了一点——提问的过程本身也是一个创新的过程。正确的问题可不是随便拍拍脑袋就能提出来的。当我回顾历史，仰望那些伟大的领导人，比如罗斯福和丘吉尔，我意识到一件事，那就是他们具备一种能够将问题以他人不曾预想的方式组织起来的能力。这就是所有事情的关键，对吧？如果不能提出正确的问题，就无法找到正确的解决方案。我的职业生涯中有大部分时间都花在回答错误的问题上了。那是因为我在等其他人提出问题。眼下，我越来越努力做一件事情，就是主动提问，当然，作为领导者，我更不缺这样的机会。现在的我在面对争论时，更关注的是问题应该是怎样的，而不是先关心解决方案如何。"

英伟达的黄仁勋也认为，自己的领导风格是以问题为主导，而非由答案主导："CEO不可能知道所有的事情，但对我们而言，将每件事情进行正确的价值评估是可以实现的。之所以能这样做的原因就在于，身为CEO，你应该比其他人具备更全面的环境洞察力、更精准的直觉、更宏观的视野和更高超的复杂事务处理能力。因此，你才能拥有独特的视角。通过提出正确的问题，你可以直击问题的核心。现在的我基本上可以一整天什么也不做，只是去提问，就能将我的敏锐观察、我的观点以及我认为重要的事情清晰明确地传达给每个人，而且不需要做任何陈述说明。"

* * *

提出问题，展现真正的热情，对事物感到好奇，这些特质听起来简单，然而并不是每个人都具备的，尤其是在一个特别重视确定性的企业文化里则更加难得。那些富有强烈求知欲的CEO在一英里外就能发现与他们类似的人。他们会将这些人从人群中找出来，甚至会立即聘用，这也从侧面反映出这种特质的稀缺性。

米诺说："我曾经聘用了一个并非在找工作的人。有个人打电话向我咨询一些企业管理的问题，我认为他很聪明，就说，'我会把一些材料打包好，再快递给你。'而他回应，'我能现在就过去拿吗？'我问，'你在找工作么？'他说，呃，我还在实习期，刚从大学毕业，实习期要一直到夏天才结束。'我就告诉他，'当你实习期结束时，如果你要找工作，我会录用你。'而我也确实这样做了。"

苏黎世金融集团（Zurich Financial）的前CEO詹姆斯·J.斯基罗（James J. Schiro）说，有时他会观察年轻人是否敏捷、聪明、精力充沛，以此为标准来挑选将来要与他一起旅行、帮忙处理事务的贴身助理。

斯基罗说："我现在的贴身助理就是在一场路演活动中遇到的。他是到场的一名银行职员，我对他说，'我想和你谈谈。'他进来后，我就说，'菲利普，你愿意跟我一起工作吗？'他问，'具体做什么呢？'我说，'我也不知道。我一直在观察你，你很懂这个行业，比我还要懂，你可以先为我工作一年，我相信，在这之后，行业里有其他人也想雇用你。'"

有些CEO早年担任着CEO的助理，成为CEO的得力助手。他们最终能晋升到CEO这样的顶级岗位是否源于他们作为助理的经历，使得他们可以在年轻时就通过CEO的视角看问题？又或者，他们之所以被选定为助理就是因为CEO那双敏锐的眼睛在他们身上发现了强烈的求知欲？毫无疑问，这两种猜想都是正确的。

施乐公司（Xerox）的CEO厄休拉·伯恩斯（Ursula Burns）的早年工作经历就是一个恰当的例子。她很早就被高层领导发掘出来，提升到公司中的较高层级，鲜有年轻人在那个年纪就能达到这样的位置。

1989年，她迎来了在施乐公司的事业转折点，当时她在产品研发设计部工作。她受邀参加一场关于工作合同期限的讨论会。会上提出了各种新方案，有些人担心这些方案是否会降低录用标准。韦兰·希克斯（Wayland Hicks）作为施乐公司的高级经理负责主持这次会议，他耐心地向人们说明并不会这样。

伯恩斯说："我很震惊，明确地告诉他，'你没有任何凭据就敢如此断言，这让我很诧异。'"会后，她又跟希克斯重新讨论了那个问题。一星期之后，希克斯叫她到办公室里谈话。她预计自己可能会遭到训斥或者被解雇。相反，希克斯承认她的担心是正确的，但也纠正她不应该那么张扬地表达。然后希克斯说想要定期与她进行会面。

希克斯这样解释："她有着很强的求知欲，想要知道我们为什么会在那时做这样的事，而且她总能以令我耳目一新的方式来做准备。"1990年1月，希克斯任命她为自己的高级助理，那时伯恩斯才31岁。她将有机会与希克斯一起出行，参加重要的会议，帮助希克斯处理事务。伯恩斯接受了任命，他们在闲暇时间经常谈论有关领导力的话题。

伯恩斯继续阐述着自己的想法，并针对施乐公司的内部事务提出疑问，尤其是在1991年中，施乐公司遭遇了不寻常的股市高风险时期。当时，施乐公司的董事长保罗·A.阿莱尔（Paul A. Allaire）每月都会召开高层管理者的讨论会，伯恩斯和其他助理也都会到场，当然他们只能坐在边上。

伯恩斯发现了一个规律。当阿莱尔宣布"我们不得不停止招人"的时候，公司没多久就新雇用了1000个人。下个月，还是如此。因此，她举手发问了。她说："阿莱尔先生，我有一点儿困惑。如果你一直说着'不招人'，每月却还录用1000个人，谁还能下达'不再招人'的命令，并把这个政策执行到位呢？"她记得当时阿莱尔目光紧盯着她，似乎在说"你为什么要问这个问题？"，片刻后会议又如常继续。

后来，手机响了。阿莱尔想要在办公室里见她。她以为自己要倒霉了，但阿莱尔却是想把她从希克斯那里调走，这样她就可以成为阿莱尔的助理。他们也常常讨论领导力。跟希克斯一样，阿莱尔并不想打击她的坦白直率，但也给出了实现高效沟通的建议。阿莱尔回想起当时是这样建议伯恩斯的："就像是肯定他们未曾有过的想法，但注意，由你把想法兜售给他们，出让你自己的所有权。"阿莱尔在她身上看到了精力、自信与求知欲（对学习的渴望）的完美结合。

伯恩斯用犀利的问题打通了入驻CEO办公室的道路。她的母亲总是告诫她："不要停止学习，不要抛弃求知欲。"

那么，伯恩斯是怎么描述她现在作为CEO所发挥的作用呢？

"这份工作可并不是找到正确答案那么简单，需要任职者提出重要的问题，让专业团队来帮助解答这些问题。当然，并非所有的重大问题都是CEO提出的。但是，我具备这样的视角和相应的权限，使我能够提出一系列不一样的问题。如果有人带着问题来找我，基本上我一定会把问题抛回给他，告诉他，'想想这方面。如果这样做如何？如果那样做呢？'"

正如这些CEO所讲的，能够提出正确的问题对于一个人事业的每个阶段都是有所裨益的，无论是新入职场的"菜鸟"，还是掌管着跨国企业的领导。提问是值得不断重复的行为。CEO们会表达自己的兴趣和热情，并提出合适的问题。他们专注于感兴趣的事情，而不是试图让自己显得有趣。积极主动者会发现，这种特质为他们带来了工作中和工作之外的重要关系。这就是他们如何找到自己导师的途径，也是他们与公司领导层建立联系的方式。

在商界，很多人会提到"80/20法则"，这是帕累托法则的一种变式，意思是说，在任何企业中都有20%的人承担了公司80%的工作。现在，回想一下那个例子，一家公司里有100名资质相当的员工，如果他们之中有20个人是组织的真正动力，那么在20人中只有极为少数的人能跳出指派给他们的工作任务，并且对他们职责之外的人和事物感兴趣。这样的人就会脱颖而出。

展露强烈的求知欲吧，这是一个能带来巨大回报的简单法则。

萨克斯百货公司（Saks）的CEO斯蒂芬·萨多夫（Stephen Sadove）提到："如果你能积极地回应外界，并表现出兴趣，那么总的来说，大多数人都会响应你。当然不是所有人都会给你反馈，但是多数人都倾向于做出响应。比如，要是有人饶有兴致地前进时，我很可能会跟随他们。"

/ 第二章 /

百折不挠的自信心

还是这100名雇员,他们都可以担任一家公司的副总裁。当老板衡量这个团队时,有些特质更容易被发现。强烈的求知欲?那是所有人都能看见的。但还有一种能量、一种独特的声音,只有具备它的人才能展现,而你可以据此将更优秀的人从人群中找出来。

这些特质是很难识别的,尤其是应对困境的能力。每个人在一生中都会面对这样或那样的困难,而有些人更善于应对困难。他们之中有的人会欣然接受困难,有的人会期盼困境,还有的人会临危不惧主动请缨。这些人是从困境中走出来的,因此他们清楚地知道自己的能力如何。他们不仅有成功克服困难的经历,也有重整旗鼓、排除万难完成任务的体验。他们都有着百折不挠的自信心。

对于公司而言也是如此。很多CEO说,他们的企业文化正是在困难时期——似乎什么工作都没有效果的时候,才得以巩固和加强的。此时,领导层将所有人凝聚在一起,建立了核心价值观和信念。

如果有什么测试能够测出一个人是否具备这种特质,那么这项测试肯定价值不菲。无论是个人还是企业，只有在面对新的挑战——当他们面对可能的失败或者真正的失败，并且不能再维持现状时，才会展现出他们应对困境的能力。行为的最佳预测参照就是过去的表现，这也就是为什么很多CEO在面试应征者时会询问他们以前应对失败的经历。CEO想要确定的是，这个人在面对挑战时是会掌握主动权，还是会寻找借口，毕竟工作中总是有很多因素会超出人们的控制。

有些人可以在工作面试环节巧舌如簧，当他独自面对一个困难的任务之时，就是检验真伪的时刻。在真正的困境中，有些人就屈服了。

英伟达的CEO黄仁勋说："我认为，想要找到优秀的人是极其困难的。原因就在于，评定的最终标准还是要看一个人应对困境的能力。无论这困难局面是因外部环境引起的还是人为造成的，你永远也无法了解一个人具体的处理方法。作为CEO——一个领导者，有时你不得不将某些人置于尴尬的处境上，这并非是你有意为难他们，而是那种局面必须有人来处理。所以，你需要一个有能力的人来处理它。当你手头有个难题时，需要有人来帮你解决，有些人就刚好能接手并处理好，他们把困难当作成长的养料。在身处逆境时，有些人会变得更加沉着冷静。当世界分崩离析时，我想我的心跳反而会慢下来。我发现当我身处逆境时，思维最敏捷。而有些人面临逆境时，却只会退缩，尽其所能地躲闪。你虽然可以询问人们过去应对困难的经历，但你永远无法得知当时的困难程度。"

* * *

很多CEO的工作动力源于逆境中培养起来的一种强大的职业信念。他们中有的人可能在年龄很小的时候就开始谋生,而且在成长过程中从未停止工作。有的人工作是因为别无选择,因为他们从小家境就不好,生活拮据。虽然他们的职位提高了,承担的责任也大了,但是他们的态度没有改变过——这是我的工作,我要对它负责,我要主导它。正是因为拥有这样的态度,他们才被赋予了更多的责任、挑战以及晋升机会。

雅虎的CEO卡罗尔·巴茨(Carol Bartz)说:"我出身贫苦。母亲在我8岁时就去世了,是我奶奶将哥哥和我抚养成人。她极富幽默感,而且没什么事能难倒她。我记忆最为深刻的事情是在威斯康星州一个农场中发生的,那时我大概13岁。在木屋的架子上有一条蛇,我和哥哥跑去找奶奶,喊道,'奶奶,有条蛇。'而她只是走过去,用铁铲把蛇拍下来,然后把蛇头剁下来,还说道,'你们本来可以自己做的。'你知道吗,这就是奶奶的风格。把事情做完,解决掉。自己振作起来,继续前进。"

威科集团(Wolters Kluwer)是一家荷兰的公司,主营印刷出版和信息服务。CEO南希·麦金斯特里(Nancy McKinstry)也出身于并不富裕的家庭,从小就学会了应对半工半读的挑战。

麦金斯特里说:"我的家里并没有很多钱。母亲是一名教师,父母在我很小的时候就离婚了。因此我了解母亲是如何依靠教师的微薄薪水养活一个家庭的。日子虽十分拮据,但我看到了她的坚持。我从她身上学到的就是教育的价值,以及辛苦工作可以带来的改变。因为我们家并没有很多钱,所以我几乎一直在打工,读大学的时候,我打两三份工来支付上学的各种费用。这样一来,多任务处理,适应新环境,以及每天推进进度,于我而言就是家常便饭。"

当麦金斯特里负责招聘时,她希望找到拥有相同特质的人。具备这种特质的人并非一定要成长在一个经济困难的家庭里。她只是在寻找证据证明面试者可以应对艰难的挑战。

她说:"我喜欢雇用那些已经克服过困难的人,因为我自己的经历已经证实了坚持不懈是十分重要的。如果你能克服阻碍并在某个领域中持续前进,那是极为难得的。各行各业的工作中,都存在各种困难和挑战,如何克服挑战则体现了你是否具备将工作继续推进的能力。所以,当我面试时,我会直接对面试者说,'给我举一个例子来说明你曾经所面对的难题,以及你做了什么,并从中学到了什么。'凡是我录用的员工,他们都有能力描述出曾经遇到的困境。他们在现在的岗位上也表现优异,这是因为他们在跌倒后,能自己掸去灰尘,第二天继续坚持奋斗。"

CEO们的这些事例在心理学上衍生出一个概念,称为"控制点"(locus of control)。通常而言,这个概念指的是一个人对于影响他生活中成功或失败的关键因素持什么样的信念或视角。他们是将失败归咎于无法控制的因素,还是相信自己只要尽其所能地控制好已有因素,就有能力影响事件的发展和塑造环境?换句话说,他们是否会能尽可能地处理好交给他们的工作?不仅要持有乐观的态度,这种积极的态度还要伴随着目标和决心。

施乐公司的CEO厄休拉·伯恩斯在曼哈顿下东区（Lower East Side）的一个贫困家庭中长大，她深知母亲抚养她及其兄弟姐妹的艰难，也看到母亲是如何尽可能地掌控他们面临的各种情况的。伯恩斯的身上也体现出了这种特质——充分利用可控因素——她希望公司中的员工也能够拥有这种特质。

伯恩斯的母亲会帮忙照看其他人家的孩子来补贴家用。她还会为住在他们家街上的一名医生熨烫衬衫和打扫办公室，以此换得一些药品，甚至家用清洁用品等物品。伯恩斯的母亲常常会将一些经典语录挂在嘴边，通常还很直率地表达，例如"你在哪里生活并不意味着你就是怎样的人"。她会告诉孩子们，"不要因为你们住在一个离贫民区特别近的地方，行为举止就表现得像是来自贫民区的人。"

在伯恩斯的回忆中，母亲有着坚定的目标。"她极其是非分明，很清楚地知道我们的责任是什么。首先，我们必须是一个好人，其次，我们必须有所成就。而她关于成就的名言就是'你为这个世界贡献的一定要比你获取的多'，她无时无刻不在说着这句话。"

伯恩斯的母亲没能亲眼见证她的女儿掌管施乐公司就去世了。她始终坚持自己的孩子一定要接受大学教育。她常说："对于你能掌控的东西，你必须尽心尽力，避免成为一个受害者。"

伯恩斯女士接任CEO不久之后，就在施乐公司员工的一次大型会议上强调了这一宗旨。公司糟糕的财务状况和曾经的董事会闹剧是时候终结了。当与数百名销售代表齐聚奥兰多时，她借用了母亲的一句话，"既然事情碰巧发生在你们身上，那么你们碰巧做点儿事吧。"（Stuff happens to you, and then there's stuff that you happen to.）语法学家可能会指出这种表述的语法问题，但是句子的含义是清晰的。不要让环境或者潜在的借口阻碍你成就更好的自己。盯紧它们，然后把事做成。

这种特质在高级管理者的身上普遍存在，洲际酒店集团的CEO安德鲁·科斯莱特则是另一个例子。科斯莱特的童年比较艰苦，自从16岁后，他几乎就已经自食其力了。因为把大量精力都放在橄榄球和其他运动上，他的功课比较糟糕。他是一个喜欢在外玩乐应酬的人，青少年时期，他在学校中浑噩度日，直到20岁后才逐渐专注于课业。

他出任洲际酒店的CEO后不久，科斯莱特与他的高管团队在一次非正式会议中齐聚一堂，他们在房间轮流分享着彼此的成长经历。

科斯莱特说："这次谈话帮助我们团队尝试去理解，是什么在推动着我们前进，我们这类人的目标和追求是什么，以及是什么使我们成为现在的样子。特别神奇的是，房间内的10个人中，有9个人的童年充满坎坷，有的人家庭破裂，有的人父母离异，有的人父母酗酒，有的人母亲遭受家暴，还有的人兄弟姐妹夭折。"房间中90%的人在成长中都有着类似的经历。而我认为这并不是普遍现象，你只要了解这些问题在他们的同龄人中的发生概率就能明白。因而，这些人童年时期的经历某种程度上正是推动他们前进的动力。我认为这些事情使他们认识到依靠自己的力量可以使自己更快地成熟，更迅速地前进。"

科斯莱特对这种特质做了详细的说明，还讲述了他是如何在面试中确认应聘者是否具有这种特质的。

科斯莱特说："在逆境中，你可以快速学习到大量有关管理的知识。其中之一就是你不得不依靠自己的智慧和资源，认识到这一点会使你看世界的角度变得截然不同，并使你成为一个独立的个体。如果你的童年曾经充满挑战，我认为那就是一种逆境的学习。打橄榄球也是一种挑战，因为在场上没有任何躲藏的地方。那是一种直接的身体对抗，而且一场比赛就可以检验你的实力。每个人都可以看到你，尽管节奏很快，但每个人都能看到你到底是退缩不前还是挺身而出。虽然没有人会说出来，但是每个人都心知肚明。而且比其他事情更为重要的是，你可以明确自己到底是哪一类人。

"如果我要招聘岗位级别很高的人，我会详尽地了解应征者的个人经历。看看他们人生中经历过几次重大的身心考验，以及面对这些突如其来的考验时，他们是否能够依靠自己挺过去。这些考验既可以是工作上的，也可以是家庭中的，或是社会上的。我发现，那些能够直面挑战的人正是当工作出现困难时你可以倚靠的人，因为他们已经经历过这样的事情，他们清楚自己能做什么。"

* * *

对于一些企业和组织而言，这种特质尤其重要，因此，他们围绕这种特质建立了招聘流程。

每年，"为美国而教"（Teach for America）这个组织都会将新招募的成员派驻到贫困地区的学校辅助教学。由温迪·柯普（Wendy Kopp）创立的这个组织，已经研究出一整套体系来筛选候选人，以找出更有可能适应不利环境的人。

柯普说："我们做了大量的研究来分析个人的诸多特征，以便能够挑选出最合适的教师。事实上，最有效的预测特征仍然是他们曾经取得的成绩。但也有一系列个人行为特征可供参考，其中最有效的预测特征就是毅力，或者我们称之为心理控制点。具备这种特质的人在面对挑战时（在非挑战性的情境中无法看到），会本能地推算出哪些是他们可控制的，并勇于承担，而非去责怪环境中的其他人。为什么我会这么说呢，孩子们、孩子们的家庭以及整个环境，有太多人可以去责怪。这些教师被分配到各个学校，即使你看到他们在相同的礼堂中教书，有的人始终怀着这样的心态——'在这里不可能有所成就'，而另一些人则完全不同。这很大程度上与那种心态有关——相信内在的控制力，并且在面对困难时始终保持乐观的心态。"

大型咨询公司埃森哲（Accenture）已经研究出一套科学的方法来评估候选人是否具备这种特质。埃森哲的CEO威廉·D.格林（William D. Green）表示，公司根据在筛选应征者时要考评的核心竞争力，研发出一套系统以便找到真正的人才，这个系统被称为"关键行为面试法"。埃森哲每年会收到大约200万份简历，最终会雇用4万~6万人。如果能够把招聘做好，那将会为公司带来巨大的竞争优势。以下就是格林对埃森哲关键行为面试法的流程介绍。

格林说："这套方法的前提在于过去的行为是将来行为的最佳预测。从本质上说，我们所需要的信息是，你是否曾身处困境，以及你是如何应对的？我们已经知道了埃森哲里那些优秀员工的事迹，这些员工坚持不懈、学习成长，并成为了优秀的领导者，从他们身上能学到什么？以及如何将这些信息设置到招聘流程里，帮助我们找到最适合埃森哲的人选？

"回归到上个问题，具体说来就是你有何收获，你的表现如何，你做了什么？你是否具备某种直觉？你是否具备整合并执行的能力？你是否具备向前推进并做出决策的能力？你是如何应对拦在你前面的障碍的，最后解决了么？"

格林讲了一个故事——一名求职者是如何脱颖而出，吸引到他的注意力的。

他说："那是1991年，当时我正在巴布森学院（Babson College）做招聘。那是当天的最后一个面试，我拿起了最后一份简历，看了看下面所附的一张蓝色的纸，那是一张表格，我本以为上面会填满各种工作经验之类的内容，作为第一页简历的补充。但是他的简历很简单——没有社团活动，没有运动爱好，可以说几乎什么都没有。毕业于巴布森学院，学分3.2，学习金融。工作经历：萨姆餐厅，若有需要可提供推荐信。这是当天的最后一份简历，我已经见了太多履历耀眼的人，他们不仅带着厚厚一叠的档案，还有一个学期的留学经历。而此时来了这样一个小伙子。他的名字叫萨姆，等他落座后，我问，'萨姆，我就直接问你了。你在这个餐馆还做过什么？'他说，'哦，萨姆餐厅啊，那是我们家的生意。星期五下课后我就去那里工作，一直到关门。星期六工作一整天直到关门，星期天也是如此，最后都是我来关门，然后开车返回巴布森这里。'我在蓝色的面试表上写了'录用他'。他现在还在公司里工作，因为他具备那种特质。他面临过一系列的挑战，知道如何应付。这就是一种职业素养。你能看到他为自己制定了一条标准来应对遭遇的各种情况。他未祈求他人的任何帮助。他并没有成为事情的被动受害者。他只是说'那是我父亲的生意,我在那里工作',自信且自豪。"

格林说:"关键行为面试法所要做的就是找到人身上的这种特质,你可以看到在他们的价值体系当中,把工作放在什么位置,自尊心放在什么位置,会坚持什么或放弃什么。我的意思就是说,你是因为做出牺牲而感觉成了受害者,还是为了自己认同的事情而做出牺牲,并为之自豪。这两者之间有着巨大的差别。就是这样简单的事情,也存在着巨大的差别。"

* * *

想要具备这种百折不挠的自信心,人们无须去攀爬珠穆朗玛峰或者参加穿越死亡谷(Death Valley)全程135英里的恶水超长马拉松(Badwater Ultramarathon),也无须期盼在成长过程中经历更多的挑战。百折不挠的自信心起源于正确的态度。而态度这种事情是每个人都可以控制的,即使当外界的每件事似乎都脱离控制时,也是如此。迎接挑战,创下一系列的成功记录,百折不挠的自信就会逐步积累。

第一步,你需要养成一种对待失败的健康心态。很多CEO将失败当作成功的一部分——那些追求远大目标的人尤其如此,而且他们会坦然接受失败,重视失败,并从中学习成长。这是很难的一堂课,对于从高中(因为高中的学习让他们习惯了标准化的考试)进入大学,并步入工作岗位的年轻人而言尤其艰难。

约翰·多纳霍(John Donanhoe)是eBay的CEO,他从一位导师那里学会了如何更坦然地接受失败。

多纳霍说:"在我刚参加工作时,肯特·西里(Kent Thiry)给了我一个十分有价值的建议。他现在是达维塔公司(DaVita)的CEO,当时是我的上级领导之一。那时我虽然还没有真正体会过什么是失败,但却对失败深怀恐惧之心。肯特对我说,'约翰,你得知道,你的问题在于你总是想做到棒球中的十发九中。'接着他说,'你在大学时,得了很多A,可以在考试中做到90%或95%的正确率。当作为分析师开启第一份工作时,你做得也很棒,这让你感觉自己可以交出近乎满分的答卷。'

"虽然那时我参加工作已经大约五年了,但是他仍提醒我,'现在你已经跳出职业小联盟的比赛了,你是在职业大联盟里打比赛。如果你还期望能打出十发九中的状态,那么当你站上击球区时,要么会因为十分担心打不中而身体僵住无法挥棒,要么可能会在踏入击球区时就心情忐忑。在全美职业棒球大联盟这种世界级别的赛事中,最棒的击球手也只能在十次挥棒时打中六次,但这不妨碍他们成为历史上最伟大的击球手。'这就是他教我的哲理——站上击球区并挥棒击打,这就是关键所在。你所需要做的就是在十次击球中打出一个封杀,两个双杀,偶尔再来个全垒打,这样你就是最棒的击球手了,或者说是最优秀的商界领导者。在职业大联盟中比赛,你不可能不经历一系列的失败。"

有些人指责电子游戏会让孩子变得懒散,但是英伟达的CEO黄仁勋认为正是电子游戏为他提供了如何面对失败的重要经验。

他说:"我从不会因为失误而过度自责。当我尝试做一件事情时失败了,我就会从头开始再试一遍,这可能源于我成长于电子游戏盛行的时代。大多数游戏都不可能一次就通关。你得经历一次失败，两次失败，接二连三的失败之后才能打赢。这就是游戏，不是吗？其实它就是即时反馈。最终你会打赢的。但是事后回想起来，你会发现，游戏中最有趣的部分不就是你被打败的时候吗？当你最后通关胜出，虽然有片刻的欢愉，但是也意味着游戏的终结。可能就是因为我成长在那个时代，我才学会了把握机会，并借此掌握了进行创新和探索新事物的能力。这都是那个时代所赋予我的宝贵的生活智慧。"

黄仁勋还表示，从失败中学习并迅速地分析失败是英伟达企业文化中的重要部分。

黄仁勋说："身处一个瞬息万变的时代，用正面的态度对待失败应成为每家公司企业文化中的重要组成部分。我们公司核心价值观的第二点被我们总结为理性的诚实——包括实事求是的能力，以及能在快速认识到错误和弯路之后，从失败中学习同时快速调整的能力。这两项能力对我们格外重要。因为在英伟达创建时，我们是同类公司中的第一家，可是我们差点儿就关门大吉了。我们采用的特殊技术，让我变得过于自信，一度认为我们是走在一条与众不同的道路上，其他公司无法追赶我们。然而事实证明技术并没有发挥什么作用。我们筹集了所有可动用的资金创建了英伟达，还雇用了一百号人。我们构建了技术平台，但那却是一场错误。技术没有发挥应有的作用，甚至一点儿作用都没起到。因此，我们完全推翻重来。在那段时间里，关于领导力的东西我学到了很多。如果在那之前你问我CEO是怎样的人或者应当扮演怎样的角色，我应该会说CEO要对自己的战略有信心，知道发展方向，懂技术并且知道技术的正确发展路径，还要有一个宏大的战略规划。

"就是在那个时期，我才认识到CEO也可以直言，'公司战略失误、技术失效、产品无用，但这不妨碍我们走向成功，让我来告诉大家原因吧'。我认为这才是领导力真正令人惊叹的地方——当你几乎沦落到最悲惨的境地，你还相信自己仍能取胜，为什么？因为那才是一个企业的灵魂真正展现的时候。也正是在那时，我们培育并发展出企业现在的核心价值观。处在鼎盛时期的企业是无法创造出企业文化或者发展出核心价值观的。只有当企业面临异乎寻常的困境时，当企业没有存活下去的理由时，当你紧盯着微乎其微的胜率时，企业文化才会在此时树立，企业的特色才能养成。

"我认为用文化来形容企业的特色有点儿大。用企业的个性称呼它更合适，而我们公司现在的个性可以简单概括为：如果我们认为某件事十分值得做，而且我们有很好的想法，即使从来没人做过，只要我们觉得可行，就会冒险尝试。如果失败了，就从中吸取教训，调整策略继续摸索前行。如果你能刚好做到每次跌倒的同时前进一点点，那么一定要坚持屡败屡战的精神，这样每次都是在将事情做得越来越好、越来越顺利。这样坚持下去，在你还没意识到之前，你们已经成为了一支伟大的团队。

"凭借这种个性，当犯错误的时候，我们不会被打击得垂头丧气，而是会探索如何做好它。那么我们从中能学到什么？你应该知道错误和失败刚好是成功的另一面，对吧？如果我们做出足够多的尝试，就可以找到指向成功的道路。因此，我认为这种探究性文化——坚持尝试，并从失败中吸取教训，已经成了我们的一部分。"

思科公司（Cisco）的CEO约翰·钱伯斯表示，无论是他儿时面对的困境还是当CEO时面对的挑战，对他而言，都是最为重要的领导力学习课程。

钱伯斯说："人们误以为是成功成就了我们。但我要说，实际上是我们在生活中面临的挑战塑造了我们。而我们如何应对这些挑战又与我们能在生活中取得什么样的成果息息相关。在学者们还没有搞明白阅读障碍到底是什么的时候，我就已经深受其扰了。当时，我的老师安德森教我阅读就像打弧线球。每次以相同的方式把球击出。一旦你习惯了这种方式，就可以很好地控制住它。此后，我从一个站在课堂中朗读（看错行，还从右向左读）都会无地自容的孩子，逐渐变得自信起来，坚信自己可以克服障碍。这件事还教会了我如何应对他人的反应。"

他说："我从杰克·韦尔奇那里也学到了宝贵的一课。那是1998年，当时我们已经成为世界上最有价值的公司之一。我说，'杰克，成为真正伟大的公司还需要具备什么？'他说，'需要经历重大挫折，并最终击败它们。'我犹豫了一会儿，对他说，'好啊，1993年我们挺过来了，1997年亚洲金融危机也熬过去了。'他说，'不对，约翰。我指的是一种濒死体验。'当时我并没有准确理解他的意思。直到2001年，我们真正经历了一场濒死的考验。我们从世界上最具价值公司的神坛走下，沦落到被人指责团队管理水平的境地。2003年，他来拜访我时说：'约翰，现在你有一家伟大的公司了。'我回应他：'杰克，我可没这种感觉。'但他是对的。虽然当时的经历是我极力想避免的，但这份经历却真的使我们的公司变得更加优秀、更加强壮,虽然公司还是会偶尔出状况,但是我们已经无所畏惧。对于什么东西可能出错,我们的顾虑多半是准确的。所以,不失公允地说,你如何带领团队突破艰难处境常常决定了你的后续发展。"

昆廷·E.普卢默三世(Quintin E. Primo Ⅲ)是卡普里资本公司(Capri Capital)的联合创始人兼CEO,他说自己经历过的一段濒死体验给了他许多关于领导力的启示。

他说:"在我看来,逆境是学习和打磨领导力的最佳途径。因为在逆境之中,人们必须站出来去面对,去做些事情。你可以这样做,或者那样做,但就是不能原地不动。在逆境中,你必须采取行动。对我而言,职业生涯中最惨痛的时刻就是我的第一家公司惨遭失败的时候。受20世纪90年代早期低迷的房地产市场影响,公司遭遇滑铁卢。我们处在逆风的位置,还是十分强劲的逆风。与此同时,我们的组织刚起步,还很年轻,没有多少真正的业务,就被时局轻巧地碾压了。当时的公司定位是精品投资中介商,专注于为在美投资的国际投资者提供服务。于1988年创立公司后,我在大约两年时间内就陷入了死局。正如泰坦尼克号沉没时逃命的人无暇他顾一样,我对其他事情也看得淡了。

"对于我是谁,我有了更多的体会。它也让我更加看清了一些人——那些我选择的在这艘沉船上共存亡的人。那段时间里,我真的很害怕,但我学到了人必须有信仰,对某些比自己宏大的事物得怀有敬畏之心,否则你真的会一蹶不振。无论你是信仰人与人之间的共同利益、信仰普遍的规则和因果报应,还是信仰上帝,总要有些东西比你更宏大。存在主义者在逆境中表现得并不好。他们信仰自己,信仰周围的人们，认为所持的信仰并不由这家公司或者'我'的行为来决定。即使公司失败了，垮掉了，没有人会死，生活照常继续。

"你从地狱之门中走了出来，并意识到你可以从困境中存活下来。你还活着，并且毫发无损。如果你是一名企业家，你又学到了一课。这一课让你成为一名更好的企业家，你可以继续前进，做大做强，等待经济形势好转。但是你必须清晰地意识到，此时此刻的所作所为并不就是你事业的终点，也不是你人生的终点，这只是时间长河中的一个片段，而时间是流动的。经历了那段困难的时期后，我认识到我的员工就是我的家人。为了他们，你愿意奉献一切，你会尽其所能保护你的家人，提供衣食保障。你会做出很大的牺牲，所以，在那个艰难的时刻，我必须走出自我。事情已经不再只是我一个人的了，我必须确保同事身上所承受的苦难尽可能小，风险尽可能降低。优先考虑的东西完全变了。刚从哈佛商学院毕业时，正值房地产行业的黄金八年，我取得了很大的成功，自认为自己会成为下一位地产新贵。在物质丰富时，人们很容易迷失；但在逆境中，人们必须极为专注。"

* * *

任何一个在简历上或学业上有些瑕疵的人，可能都想将其掩盖或者不再提起。其实大可不必。很多CEO以及那些已经有所成就的招聘负责人，或多或少也都有过一些痛苦的经历。如果应征者能够说清楚他们从中收获的经验以及他们应对困境的办法，那么他们就有可能脱颖而出。

Wastershed资产管理公司是一家对冲基金公司,它的创始人梅丽德·穆尔(Meridee Moore)说,在面试时,如果她看到应征者有克服学业上的困难并取得进步的经历,就会给其额外的加分。

她说:"如果你碰到过挫折并挺过来了,我认为那会帮你在以后做出更好的决策。想要提升你对事件结果的预测能力,再没有比真刀真枪上过战场更好的方式了。这样你才会知道事件并不能完全由你掌控,而且无论你多么聪明,多么努力地工作,你都必须做好事与愿违的准备。"

* * *

你要知道哪些是你能控制的,不要被动地成为受害者。找出一条把事情做成的道路。这种看待世界的方式可以让你更好地觉察周遭环境,避免陷入失败的沮丧中,同时保持清醒的头脑以突破困境。困难可以成为学习的机会,而不仅仅是带来失望。让一个人卓尔不群的因素常常就是他的处世态度。这样的人会赢得他们领导的信任,因为他们不畏艰险,勇于承担。

对于老板而言,一个理想的员工会渴望承担挑战性任务,并且会说出让管理者听了很舒服的话——"明白了,交给我吧。"那些承担了更多责任的人,那些充满自信并将困难一步步踩在脚下的人,终将会继续前行,获得升迁。

/ 第三章 /

团队智慧

不知从何时起,对于合格的团队成员的认识在企业文化建设中变得过度简单而廉价了。似乎只需要穿上统一的运动衫、T恤或扣上一样的纽扣,喊喊口号做些团队活动就够了。这些事情可能有助于团结同事,但对于提升工作中的团队配合作用大吗?提高团队配合是需要花费更多精力的事情,可不只是做做信任背摔这样的信任塑造练习就够了。成为一个团队的成员已经被简化成了这样一种观点——我在一个团队里工作,自然就是其中的一员。麦克·鲍德温(Mike Baldwin)用一幅漫画阐明了这一点,画中面试官对应征者说:"我们需要一个专心奉献的团队成员,你就默默无闻地好好干活怎么样?"

最高效的管理人员不只是团队中的一员,他们还要懂得团队如何协同工作,每个成员的职责是什么,以及如何发挥团队的最大效力。他们知道如何营造一种使命感,并让每个人都感到自身责任重大。他们还知道如何在组织中树立责任感。正如那些有着街头智慧的人深知熟谙街头巷尾的规矩,这些管理人员也懂得引导团队成员齐心协力的不成文规则，这就是团队智慧。

在工作越来越需要协同完成的当今社会，团队智慧是一项必备技能。

奎斯特通讯公司（Qwest）的首席运营官特里萨·泰勒（Teresa Taylor）说："我能从众多重大事项中学习到领导力，通常是因为我们没有达到目标。当事情一切顺利时，你会想'嗯，不错，我们做的每件事都是正确的'。当事情没那么顺利时，你会反思：'我在哪里做错了，或者说我需要改变什么呢？'那时的反应很多是依赖直觉和经验。但即使是直觉，其实也是通过观察他人的身体语言，观察他人是如何表达来获取到的。我的意思是，你只需问一个开放性的问题，如果三个人有反应，另一个没反应，你就能知道他们之间工作不协调。所以，我会花大量的时间审视房间内众人的表现。"

首先，团队合作是建立在两个人互动这一基础上的，它是一种不成文的约定，与名片、组织层级或头衔都无关。想要拥有团队智慧，就要明白团队合作始于你能向同事传递一种你关心他们的感觉，即你支持他们。这是团队智慧的重要组成部分。就是这种细微的感觉传递——你在这里帮个小忙，他在那里多做了点工作——成为两个人之间的联系纽带。这就是团队合作开始的地方：在两个人之间发起。

CCMP资本公司的CEO格雷格·布伦尼曼（Greg Brenneman）提到他在领导力学习过程中印象最深的一节课是从米特·罗姆尼那里学到的，两人是在贝恩咨询公司工作时的同事，很多年之后，罗姆尼开始涉足政界。

布伦尼曼回忆道："他说，'格雷格，在任何的互动中，你要么从中分得一杯羹，要么失去份额。所以，你要珍惜每次互动。'我始终记着这一点，因为在我看来那确实是事实。因而，我努力做的就是创造尽可能多的交流机会，那样我就能收获更多，而不是损失掉什么，从而尽力提升每件事的价值。"

职业教育公司（Career Education Corporation）的CEO加里·麦卡洛（Gary McCullough）分享的故事，便是布伦尼曼的那条规则在实际中的运用。这个故事是关于一位名叫罗斯玛丽（Rosemary）的女士的，麦卡洛在宝洁公司工作时两人结识。她每天早晨都会推着一辆咖啡车来卖咖啡，但麦卡洛真正欣赏的是她对人的敏锐直觉，以及她能洞察其他人是否懂得团队合作的能力。

麦卡洛说："罗斯玛丽有着一种神秘的能力，她可以识别出谁能成事，以及谁不可能成功。我还记得，当我到那里上班大约一年的时候，她告诉我说我能有一番成就，还说我公司中的一些同事无法成事。事实证明，她的话要比公司里人事部说的还要准确。有一次我问她，'你是怎么知道的？'她说只需根据那些人对待他人的方式就能看出来。在她的观念里，每个人都会在某些时候犯错误。她补充道：'你知道每个人都可能会犯错，我看到你善于与人打交道，人们喜欢你，而你也能善待他人。那么他们就会帮你弥补失误，甚至还会帮你解决纠纷，最终帮你成事。但是如果他们不喜欢你，就会放任错误发展，而那时你就会陷入麻烦。'没错，我认为那些东西都是难以捕捉的。"

这一不成文的约定也存在于领导和他的下属之间。

高盛投资公司（Goldman Sachs）的CEO劳埃德·布兰克芬（Lloyd Blankfein）就坦言："在你的生活中，你必须尽力让别人愿意与你一起工作，愿意帮助你。在我的观念里，组织架构表没有多少意义。虽然我需要老板的善意对待，但我更需要自己下属的真心帮助。因为他们可以让我更便捷地得到信息。他们可以走过来对我说，'瞧这里，做这个吧。'如果他们心怀敌意，就会吝于给出建议。那么他们为何会充满敌意？他们为何消极应对？他们又为何迟迟不给我反馈？因为他们认为我不会善待他们，会对他们不利。生活中总是充满了你与他人定下的约定。这些约定很少会书写成文，多半都是隐含的，并且大都是从一些沟通和理解中延伸出来的。如果你善待你的伙伴，他们就会对你好，帮助你，并且助力你的事业发展。"

* * *

想要具备团队智慧，学会与他人合作是第一步，下一步是理解团队动力，以及团队中每个个体所扮演的角色。很多CEO已经通过参加各种运动学到了这些。

网络游戏公司Zygna的CEO马克·平克斯（Mark Pincus）就认为，他曾经在校队踢足球的经历就相当于给他上了一门系统的领导力课。

他说："球队中的大多数人已经在一起踢了八九年的球了，虽然我们的学校只是芝加哥市里一个不起眼的小学校，基本没什么机会对阵真正优秀的运动员，但作为一个团队，我们做得相当好，还打进了全国杯赛的四分之一决赛，这都要归功于团队合作。我从中学会了一样能力，就是根据一个人在足球场上的表现准确地判断他在工作上的表现。所以，即使是今天，当我参加周日早上的足球比赛时，我也可以轻而易举地发现那些值得纳入麾下的优秀经理或杰出人才。"

他是这样解释在足球场上观察到的优秀品质的：

"其中一点是值得信赖。这些人不会让团队失望，他们会共同支撑到比赛的最后时刻。在足球中，尤其是七人对抗赛中，决胜的关键在于你们七个人是否能拧成一股绳，而非队伍中有什么明星队员。所以相比有明星的队伍，我更愿意去一个没有害群之马的团队。总是有些靠得住的人，你知道他们不会犯严重错误，即使其他人比他们都要迅捷，不管怎样，他们就是值得信赖的。

"你是组织进攻的人吗？有些人害怕把事情搞砸，所以他们只要一接到球就会迅速传出去。但有些人就具备这样的智慧，他们能打出精彩的配合。这些人一般有着很高的情商。他们并非什么明星球员，但他们就是具备这样优秀的能力，他们把球传给你，然后跑到你准备传回给他们的地方。他们的脑子似乎是完全融入比赛中了。"

洲际酒店集团的CEO安德鲁·科斯莱特也是从运动中学会了团体动力，他是以橄榄球为例。

科斯莱特说："每个人都是不同的，所以你得去了解他们。我认为有一定的自我意识是十分重要的，比如你要知道应该如何区别应对身边的每个人。在橄榄球赛场上挺住的核心就是相信你身边的队友。由于橄榄球是运动项目中相对危险的，所以球队中每个人的反应会各不相同。与其他运动不同，比赛前的更衣室里会充斥一种不安感，我深有体会，因为那就像是上战场一样，你很有可能会摔断脖子或受重伤。

"你们要凝聚成一个团队。但是因为每个人的应对方式各不相同，所以你要用他们的视角看问题，在他们的频道上与之交流，而不

第一部分　成功之道　/　037

是依照你自己的习惯。我认为有些能力是与生俱来的。我就具备在任何时候都能敏锐觉察他人如何思考、如何感受的能力。这一点对于工作很有帮助，因为凭此你可以迅速进入工作状态。"

理解不同个性在团队中所发挥的作用是团队建设的一部分。例如，畅销游戏"孢子"（Spore）和"模拟人生"（TheSims）的开发者威尔·莱特就指出，当他在雇用某人时，会分析这个人在团队中可能会是'黏合剂'还是'溶剂'。

莱特说："衡量一个人是否优秀时，一定要乘上他们的团队合作表现。一个人虽然个人能力突出，但他在团队里表现不好，那么他就是净亏损。一个人虽表现平平，但他却是很好的'黏合剂'，那样就是净收益。团队中的大多数成员我会考虑用'黏合剂'，有了他们，不仅可以有效传递信息，还能鼓舞周边的人，提高大家的士气。他们的主要职责是将团队变得更加紧密。另一部分人则是充当解决者的'溶剂'，他们的个性可能有些难相处。他们会惹怒别人，发生冲突时总能在现场找到他们的身影。但在大多数情况下，他们的个性同他们的能力一样重要，都有助于发挥他们应有的作用。"

拥有团队智慧还需要具备观察周围环境的能力，不仅要注意到别人是如何做的，还要看到他们彼此之间是如何相处的。卡地纳健康集团（Cardinal Health）的CEO乔治·S.巴雷特（George Barrett）给出了这样一个事例，那是关于他上任新岗位时如何评估不同经理的。

他说："我经营的一家公司被一家更大的企业收购了。收购后我继续留任，过了一段时间我接到董事长的电话，他说，'我们要与母公司谈些事情，你愿意来负责吗？'我当时34岁，我对自己说，'好吧,既然已经这样了,还能差到哪里去?'所以我就去了。管理团队中的每个人都是50岁上下,所以,当第一天我被介绍给他们的时候,我就猜到他们会崩溃。你大概可以猜到他们的想法:'就这个小屁孩?'

"我意识到自己接下来必须迅速赢得他们的信任。我也知道,那个群体中的某些人可能不会再跟我们走下去。这是一个转折点,所以我深知自己必须快速行动来处理好这些事情。我十分清楚我们正在面临的问题,以及我们需要做的事情,没有任何怨言。我必须去营造一种环境,让他们意识到应该是他们来告诉我该怎么做,因为我们真的没有多少时间了。我会尽可能直接,我也希望别人这样对我。

"我很快得出结论,他们中能留下来的人不多。其中当然也不乏一些很有能力的人,但我认为员工们对他们已经失去了信心。那是很难恢复的,因为领导力很大程度上就是信任与信念。员工必须信任你。一旦他们不再信任你,那么无论你再说什么,都很难让一个失去信念的组织行动起来。"

巴雷特说,通过观察这些管理者以及组织成员对他们的反应,就足以让他知道谁可以留在这个团队里。

他说:"我给你举个例子。我们一大群人坐在一起,有约莫四五十个经理,每个人轮流站起来提出自己的问题。一个高管发言时,其他人都看着他,注视着他,也都在认真地听着。而另一个高管发言时,我在观察每个人的眼神。虽然他在对大家讲话,但是其他人的眼睛多半都盯在桌面上。他们甚至不与他有任何眼神交流。这是一个明确的信号,意思是'你已经失去我们的关注了'。所以有时你并不知道会得到怎样的信息时,你必须去主动寻找它们。这些信息来自你对周围环境的观察。而此类事情一经发生,我就能立即察觉出来。"

CEO该如何建立团队合作意识,而不只是团队精神?Zynga的平克斯在公司里采用了一项非同寻常的策略,以便员工能更好地理解各自的角色并承担相应的责任。由于有很多人来找他处理问题,这让他大为苦恼,所以他决定采取一个更大胆的措施。

他说:"我会引导人们从CEO的视角考虑问题。在就职第二家公司时,我做的一件事就是在墙上贴上表格,然后将每个人的名字填到表格里,我对员工说,'本周末之前,每人都必须写下来自己是负责什么的CEO,而且负责的必须是一些真正有价值的事情。'通过这种方式,每个人都能知道各自是负责什么的CEO,这样他们有问题时就能直接问负责人而不是我。这种方法十分奏效,员工们也都很喜欢。谁也别想逃避责任。

"我们有一个十分积极并且聪明伶俐的接待员,她很年轻。我们的业务持续增长以至于超出了电话系统的承载,于是她就不断地跑过来对我说,'马克,我们需要买一个全新的电话系统。'我说,'我不想听这个事,去买就行了,把事情解决掉。'她花了一两周的时间面见了每个供应商,并最终把问题解决了。她从这种方式中受到了极大鼓舞。我想这对我是极其重要的一课,因为它让我认识到,如果你给员工们提供重要的工作让他们提心吊胆,那么不仅能让他们发现工作的乐趣,还能大幅提升他们的工作效率。这么一来,那个接待员就不再满公司转悠了。"

内尔·米诺是企业图书馆公司的联合创始人,她说自己在塑造团队合作意识上采取的最佳方式就是将一群人用一个简单的词组织起来，这个词就是"我们"。

她说："我第一次真正地将自己视为领导者是在大学的时候，那时我同时加入了四个不同的项目小组，前后历时大概18个月。我从当中学到的是，如果你能让每个人都对目标达成一致，并且在目标实现后，让每个人都能获得成就感，那么你就是一个好的领导者。我在第一份工作中学会的一个道理有助于将我的想法逐步落实，即一个人将谁纳入'我们'这个圈子里，又将谁纳入'他们'那个圈子，两个圈子之间的界限是十分明确的。我发现通常'我们'这个概念下覆盖的人群越广，即纳入'我们'这个圈子里的成员越多，每个人的状态就会越好。从那以后，我就尽己所能地确保我这里的'我们'这个圈子尽可能大，并尽可能地将这个观点传达给其他人。"

建立团队合作意识的另一个有效策略就是学会与他人共享成就。

戈登·M.贝休恩（Gordon M. Bethune）曾经是美国大陆航空公司（Continental Airlines）的CEO，他说："我曾经在海军部队里担任机械师。海军中的机械师同航空公司的机械师职能类似。你可能军衔比我高，但是你不知道如何修飞机。你想让我来修？你知道如果我想修的话效率有多高，不想修的话效率又有多低吗？所以我总是会有这种体会，如果你尊重我，我就会为你做得更多。当我在海军中的军衔逐渐提升时，我也绝不会忘记身处基层时的感觉，而且始终铭记工作是否能做好，很大程度上取决于为你工作的人的内心感受。这就是我的理论，如果我们都是中层管理人员，恰好有一个副总裁的职位虚位以待。我底下有10个人为我工作，最近5年来，每当我获得认可时，我都会说，'请工作人员们跟我一起登台接受表彰。'你猜谁会得到副总裁的职位？一定是我。"

团队合作的培养还需让每个人明确自己的责任，并且做到坚守原则和规章制度。吉莉·斯蒂芬斯（Jilly Stephens）是"城市丰收"（City Harvest，位于纽约市的一个非营利性救济组织）的执行理事。她认识到这一点是在20多岁的时候，那时她在国际奥比斯组织（Orbis International）中担任领导职务，负责协调各个医疗小组有序登乘"空中医院"（往返于多个发展中国家的一架飞机，用于为当地人做眼部手术）。

吉莉说："那时责任重大，我想事情的成败多少都牵系在自己身上。我必须领导好这个团队，而多国成员的共同参与使领导组织变得更加复杂，顶峰时期，我需要应对11个或12个国家的工作人员。我们的团队大约有30到35个人，需要不断地进行团队合作。我们能做的就是严格遵照制度程序，从某种程度上说，就是没有可商量的余地，所以人人都清楚地知道基本规则是什么。举个例子——现在看来那时的我有点像管事婆——团队成员必须随时待命，接到任务就要立即在酒店大厅里集合。即便你人没到，巴士也会准时离开。如此一来，你就必须自己赶到机场。如果我们是在突尼斯，那就意味着你要找一辆自行车，骑着它穿越沙漠。我最初接手这块工作时，难免会碰到护士、工程师或其他人拖延，甚至还会遇到某些人就是起不了床，让其他人都在等的情况。在这之后，我们都能看到大家的行为在快速地改变。所以我们的日程安排相当紧凑，并且每天早上都会宣读重要事项。毕竟让每个人都知道接下来的安排也是十分重要的。"

Partners + Napier广告公司的沙伦·内皮尔（Sharon Napier）在高中和大学时期都在校队里打篮球，因此她时常用运动作比喻来向员工传达一些关键性信息，比如每个人要发挥好自己的作用，团队的成功是最重要的。

她说："我从高中篮球校队一路打到大学校队。这让我意识到，你在高中时可能是明星球员，但到了大学你可能就只是第九位的球员。事实就是这样的，所以我经常强调要重视后备队伍的实力培养。首先，每个球员都有自己的定位与责任，要明确知道才可以。如果你是第七位的球员，你的任务就是上场拿下5个篮板球，因为我们很需要篮板球，那么这就是你的职责。因此，我经常这样说，我们的团队没有首发球员和非首发球员的区分。我们需要的是坚实的后备力量，每个人都必须变得坚强有力。每个人都有机会登台，只是他们所起的作用不同罢了。而这些都是你在打球时学到的。你也会认识到，如果你将自己的得失置之度外，而是去为团队的成功奋力拼搏，那么你能走得更远。"

在思考团队合作事项时，最简单的方式也许就是忘掉组织架构表和职位头衔。企业里有越来越多的工作是由临时项目组来完成的，这些项目组会不断组合拆分以开展不同的任务。团队智慧是指要具备一种能力，即能够识别团队需要的成员类型，并使团队成员围绕一个共同目标一起努力。吉尔特集团（Gilt Groupe）的CEO苏珊·莱恩（Susan Lyne）说，能否将一群人凝聚成一个团队，包括那些并不直接向你汇报工作的人，是当今对于团队智慧的终极考验。莱恩谈到了她是如何学会欣赏团队中每个成员的，以及每位团队成员的作用和应当具备的能力。

她说："我觉得现在的我对于什么样的人会危害公司利益有着十分敏锐的感应。最早的时候，我十分欣赏有才能的人，而不在乎这个人是否善于团队合作。现在，一个人能否与他人合作共事成为我首要关注的事情。我需要的是能够组建团队、管理团队的人，是懂得招聘并能与同事良好合作的人。不仅如此，你还需要花时间持续学习。有的人虽然是某个团队的优秀管理者，但是一旦有涉及公司层面的工作，他们就无法胜任了，因为他们好胜心太强，或者其他某些原因。他们是否能胜任对下属的管理？在公司层面上，他们是否能让他人愿意与其共事并完成任务？另外，他们是否能及时向你汇报手中的任务？"

莱恩强调这些技能在今天十分重要，商科院校应该针对这些技能设置更多的课程。

"现在有很多精品课程在讲如何管理或者制定战略发展路线，但很少有课程会去教你如何与同事合作，比如你需要做一件事，而完成这件事又需要其他三个部门的同事在规定的时间内给你提供一些支持素材时，你应该如何去沟通协调。在商业上取得成功的人，一定是那些已经切实掌握了这种能力的人，他们知道如何调动那些不是其直接下属的人的工作积极性。每个人都能让自己的下属为其工作，但对于那些本可不必在你身上花时间的人，想要将其调动起来并让他们支持你的工作，这恰恰是商学院里漏掉的课程。"

/ 第四章 /

简洁的思维

让我们做一个假设检验,以加速识别谁更有可能进一步在组织内升迁。

假设给这100位工作人员安排一个同样的任务:用一个月的时间,为他们的公司找到新的商机,然后在周末会议上对董事会成员讲解他们的思路。一个月过去了,他们都有了各自的想法,演讲的这一天也终于到了。

所有人的想法都不错,但是演讲所需的时长却存在巨大差异。年轻的员工们一个接一个地走进来。有的人想占用大家45分钟的时间,用30页幻灯片来阐述自己的想法。有的人要简短些,只有10页幻灯片。还有的人只用两三页幻灯片,不到5分钟就讲完了。有一个人甚至都不用幻灯片。她只是单纯地口述,利用三个关键性的事实来论证自己的想法。

她言辞简洁,思路清晰,并且尊重他人的时间,给董事会留下了深刻的印象。后来,她接到了一个电话。董事会的人想让她负责公司高潜力员工的领导力发展计划。

*　*　*

很多公司中都存在着一种顽固的脱节现象。据说，CEO们以及大多数高级管理人员对于向他们汇报工作的人都有着同样的要求：简洁明了，直切要点，言简意赅。商业并不总是像它有时呈现出来得那么复杂，也不应该那么繁琐。

沃尔玛集团（Wal-Mart Stores）的副董事长爱德华多·卡斯特罗·莱特（Eduardo Castro-Wright）说："让生意变得复杂的事情，我会尽量少做。我十分崇尚简洁。零售业并不像我们做得那么复杂，这在其他行业中也同样适用。如果你能把自己想成一个消费者，或者真正作为一个消费者，那么它真的可以是条理清晰而简洁的。"

然而，很少有人在汇报工作时能满足老板们对于简洁的诉求。相反，人们误以为老板会被冗长的幻灯片所打动，所以他们会试图用大篇幅的演讲来展现自己是如何勤奋地做调查研究，或者能用长篇大论的解说来赢得上级的认可。

没有什么事情比冗长的幻灯片更有可能激怒CEO们了。问题并不出在这种PPT软件上，毕竟它只是一个工具。不够聚焦的思维模式才衍生出了长篇大论的幻灯片演讲，也正是这个才惹怒了领导。对于这一问题，人们已经有了广泛的共识，现如今"演讲死于PPT之手"（Death by PowerPoint）的现象已司空见惯。

如果有那么多位高权重的领导都清楚地知道他们想要什么，那么他们为什么没能让汇报工作的人学会舍去演讲中"华丽"的部分,而直切"要点"呢?

有这样几个可能的解释。

首先,许多人做不到简洁表达。下次你参加一个会议时,可以请演讲者用10个字来概括他们的想法。有些人思维敏捷,一番思考后就能以"重点是……"或"关键是……"这样的语句来总结出他们的观点。虽然他们最后用了25个字,但至少他们理解了你提出的要求。

还有些人在片刻停顿后,继续围绕他们思路的发展开始了长篇大论,究其原因就在于他们欠缺抓住问题关键点的能力。坦白讲,这种简洁确实不易做到,古往今来也有不少名人语录肯定了这一点。列奥纳多·达·芬奇说:"简约是复杂的终极形式。"而在遣词造句方面,正如马克·吐温(以及其他作家)所言:"我没时间去写封简短的信件,只好写得冗长些。"

* * *

另一个可能的解释是,商业世界存在滞后性。曾几何时,只需掌握一定量的信息就能获得竞争优势。如今身处互联网时代,所有人只需点几下鼠标、敲几下键盘,就能获得海量的信息,别人和你一样,都可以轻松获得相同的信息。因此,以创新方式整合信息、组织信息并提出简洁而巧妙的问题以发现新商机的能力,会越来越受到重视。

糖果生活网(DailyCandy.com)的创立者丹尼·利维(Dany Levy)说:"我很乐意向人们传授经营理念的知识。从根本上说,如

第一部分 成功之道 / 047

果你想创办一家公司，该如何着手呢？让我们来弄明白这件事吧——只需一个能落地实施的方案即可。不要搞一个大而全的商业计划，因为我个人感觉是，现在的商业计划内容过于庞杂并且不合时宜。在过去，你的商业计划做得篇幅越长，似乎就越有前景。而现在，你的商业计划越简短，越简明扼要，也就越好。毕竟，你是希望人们能够尽可能快地理解你的商业模式。"

盖伊·川崎（Guy Kawasaki）是新闻聚合网站Alltop的联合创始人，也是车库科技创投公司（Garage Technology Ventures）的总经理，他认为："学校应该在教会学生简明表达上多花些功夫。"

他说："你在学校里学的东西恰恰与现实的情况相反。上学的时候，你总是在担心是否能达到最低字数要求。你必须达到20页的要求或者用大量的幻灯片乃至其他什么东西来展示你的所学。当你进入现实工作场景时，自然而然就会想'我必须做上20页或50张幻灯片的内容'。老师应该教会学生如何在邮件中用5句话来传达信息，用10张幻灯片就讲清楚思路。如果他们能教会每个学生都这样做，那么美国的商业将会发展得更好。没有人想去读类似《战争与和平》那么长的邮件。谁有那个时间啊？同理，也没有人想在1个小时的会议里看上60张幻灯片。"

微软的CEO史蒂夫·鲍尔默说，他理解人们在汇报工作时想要分享结论背后的所有研究过程的冲动，但他还是改变了开会的方式，以便优先得到结论。

鲍尔默说道："微软的会议模式曾经是这样的，你带着一些我们未曾在幻灯片或汇报文件里看到过的东西，开始汇报展示。你可能经历过'漫长而曲折'的探索。你会带领听众再次回顾自己的探索发现之路，并得出你现在的结论。这种方式也是我曾经喜欢用的，比尔·盖茨也曾经喜欢用。好像也没有比这更好的方式了，因为如果你先提出结论，你就会听到其他人的各种发问：'这样会如何呢？你是否考虑过这个？'所以，人们自然会想尽可能地先告诉你结论背后的依据和思考过程，然后再告诉你结论是什么。

"我给自己定下决心，自己再也不想这样做了。这并不是一种有效的方式，也不是一种高效的方式。我已经不耐烦了。所以现如今大多数的会议是这样进行的：你先发材料给我，让我能提前阅读了解背景。然后我走进会议室，对大家说：'只要给我解答下面的四个问题就行了，不用幻灯片演示了。'不管他们幻灯片里的展示思路如何，这种方式都能让我们直奔主题。另外，如果我对这个费尽周折得来的信息、数据以及支持证据有所疑问，我会直接询问他们。这让我们可以更好地聚焦关键问题。"

* * *

有些CEO对于幻灯片的数量有着严格的限制要求。这种规定确实是一种有效的方式，能迫使人们花时间和精力去区分哪些东西是真正重要的，哪些是无关紧要的。有时，脱离电脑做事情效率才最高，一张白纸、一支笔就够了。思考通常是最为困难的一步，对此，纸和笔是唯一真正需要的工具。

"我认为'三张幻灯片，三个要点'就够了，"苏黎世金融集团的前任CEO詹姆斯·J.斯基罗如是说："你真正能掌控的事情至多不过三四件，我希望你能用不超过三张的幻灯片把它们展示出来。我反感幻灯片。如果你在某一领域工作，并且负责相应的企业运营事务，你就应该能站在那里直接告诉我具体的情况，而无须借助一大堆幻灯片。当你在演讲时，人们应该关注的是你和你提供的信息。他们不应该在离开会议室时脑子里装满一堆不相干的事情，所以你必须提炼出三四个关键性的信息给大家，并提醒他们什么是重要的。"

CEO的工作就是化繁为简，而且他们一直都在为这件事忙碌。董事会雇用他们就是让其从混乱中理出头绪，建立秩序，抓住三到五件重要的事情让员工们全力以赴，而不是拿二十多件事情来分散人们的精力。他们会尽力避免企业出现类似"分析导致瘫痪"的情况——在高尔夫球场上经常会出现的一种情形，即过度分析导致行动迟缓。

私人资本公司CCMP的CEO格雷格·布伦尼曼说："早在我进入一家公司之前，或者说我们在CCMP商讨一桩买卖时，我都会不断地问自己同样的问题，'有没有两三件关键性事情，只要正确地处理或者适当地提出来，就能真正地转变这个生意？'我会找出来并写出只有一页的计划书。如果我不能将所需要做的事情总结到一张纸上，就代表我可能还没有真正想明白。回想起来，当我在贝恩公司做咨询业务时——在那之前我在哈佛商学院做案例研究，他们会给你大量的信息，你几乎不可能看完。所以你需要迅速地跳出来明确下：'真正重要的两三件事情是什么？'我发现在实际工作中，人们很少能做到这一点。他们只是陷入所有细节中，并用各种缩略词和时髦术语来描述事情，却不知道跳出来审视一下。当我们的一个同事在讲述一个投资项目时，如果他能很快地讲清楚，你就基本能确认他确实搞清楚了项目。反之，如果花了很长的时间,并且你被带入还要计算乌兹别克斯坦的油价这种细节中时,你大概就能意识到项目讲得过于复杂了,而这时我就会提问——在人们无法简洁表述'我的观点是……'的时候。"

埃森哲咨询公司的CEO威廉·格林讲述了有关简洁艺术的一个生动事例。他分享的经历是他曾经如何煎熬地度过了针对新晋管理者的为期三天的培训。他说,在三天的时间里,受训人员被告知,为了取得成功,有68件事情需要做好——从如何指导下属工作,如何做年度回顾,到如何填写表格,诸如此类的事情可谓事无巨细。

他说:"当我参加完培训,就在想这些人怎么能记住所有的事情呢!所以我对自己说只有三件事是真正重要的。首先是工作能力——做好你手头上的事情,无论它是什么,要聚焦于你现在的工作,而不是你自认为你想要做的工作。其次就是自信心。人们会想要知道你在思考什么。所以,你必须具备足够的自信以便清晰地阐述你的观点。最后就是有爱心。今天,没有什么事情是仅属于个人的。所有的事情都是关乎整个团队的,归根结底,你要关心你的客户、你的公司、你身边的人,并且要意识到正是你身边的那些人才成就了你。当年轻人在寻求自己的定位时——在我们这样庞大而复杂的跨国企业里,他们会疑惑自己该如何发展,我就会告诉他们这些。"

盖茨基金会全球健康项目(Bill and Melinda Gates Foundation's Global Health Initiative)总裁山田忠孝(Tachi Yamada)认为,这种在任何项目或计划中都能找出关键要素的能力对于高管们是至关重要的,因为他们离实际的工作越来越远,需要更多地承担管理角色,所以必须学会授权。相比微观管理,山田更推崇被其称为"微观参与"

的管理方式。而推行这种管理的先决条件就是要具备能够从任何一个项目中快速识别出两三个关键要素的能力。

他说："任何一个人在从基层员工到管理者的角色转变过程中，最难处理的就是授权问题。你会放弃什么？你如何让一个团队去做一件你想要的事情而自己又不用真正参与？如果你是一个真正的微观管理者，你基本上会监督每个人的工作，并指导他们去做每件事，但这样你就没有足够的时间去筹划整个团队需要做的事情。

"学会如何授权，学会如何放手并仍能确保事情如期进行，是我第一次作为管理者时学会的极其重要的一课。也正是在那时，我学会了一条今天仍在使用的法则，那就是我不做微观管理，但会做微观参与。我明确地知道细节，我也很关心细节。我感觉自己对于正在进行的事情有着密切的了解，但我不会告诉人们该去做什么。每天我都会阅读1000多页的文档材料、授权书、信件，或者科学论文，又或者其他什么材料。我学会了从阅读材料中找出关键信息。如果在一个大项目中有10个任务，它们当中最关键的一个任务是什么？所有事情又是围绕什么进行的？我所做的事情就是在那件关键性事项上投入大量精力。然后等问题发生时——问题也常常就出现在那件事情上，我就能明确地知道问题到底出在哪里。我所需要做的事情就是积累这样的经验——想清楚问题何时会发生，问题是如何发生的，为什么会发生，然后针对那些特定的问题做好预案。问题也可能出现在那10个任务中的其他9个上，但它们不会对整个项目的结果产生决定性影响。整个项目的结果可能会取决于一两个关键点，而你最好在那些方面做好准备。"

Watershed资产管理公司的创始人梅丽德·穆尔在评估岗位候选人

时会着重考察简化思维这一项能力。

她说："我们会安排一场两小时的测验。我们会尽可能模拟一个真实的办公室场景，告诉应征者一个投资项目，并给他们原始材料、年度报表以及一些文档，然后告知他们保底价位是多少。然后说：'这里有一个计算器、一支笔以及一个三明治。两个小时后我们会回来。'如果一个应聘的分析师来到这里，津津有味地咀嚼这些项目资料，这不失为一个好的开端。两个小时后，我们的两个同事会进去，让应征者讲讲他们做了什么。由于我没有进过商学院，受过的教育是如何做一名律师，这才使我能够提出一些朴素而基础的财务方面的问题，比如'这家公司是做什么的？他们是如何盈利的？他们的客户是谁？他们是如何运营的？他们是如何生产产品的？'这些问题就能剔掉一些人。

"通常，分析师都会直接解答财务方面的问题，却疏于思考这家公司的商业模式。如果这个分析师回避解答这些基础性问题，转而将话题落到自己做了什么上，这就说明这个人有些刻板。相比尽可能地对被问到的问题作出反馈而言，他们更想在这个测试中得到A的评价。另外，如果他们为取悦我而花一点点小心思，那也是不可以的，毕竟这不是一场取悦老板的竞争。这个测试的考察点就在于测试者是否已经对项目进行过周密的思考，我们能否做出一笔有价值的投资。我们考察的另一特质在于候选人能否从一大堆极其复杂的信息中提炼出问题的本质。你是否能找出对理解此次投资项目最为重要的三四件事？或者说你是否会被公司的其他信息所误导，而那些信息与投资决策或定价没有任何实质关系？"

找出至关重要的三五个要素还只是第一步。CEO们认为，如果能将这些关键信息有条理地串联起来，汇报时将更加高效。

杜克能源公司（Duke Energy）的CEO詹姆斯·E.罗杰斯（James E.Rogers）这样说："可能因为我内心住着一个小说家或者曾经当过报社记者的缘故，我更喜欢让人将他们的想法写成两页纸的总结汇报给我。当你不得不坐下来专心写作时，你不仅需要正确地运用主语、动词以及谓语，还要尝试将句子连贯起来，将想法串起来。当你必须切实地去撰写一些材料时，你才真正地开始培养出一种更为缜密的逻辑思维能力。

"我认为语言文字真的能带来不同凡响的效果——你说了什么，你怎么说都会产生很大的影响。你需要花费大量的精力来思考如何呈现观点。我所指的不是那些浮夸之词，我真正想要的是通过语言文字的描述能够将观点鲜活地表达出来。这种能力意味着要将重要的事实串联起来进行描述，以便人们能够感受，能够理解，能够信服，而且还想为之做出贡献。在某种程度上说，作为CEO，我的一部分工作不只是帮助人们确定发展方向，还要教会人们如何讲故事。"

对于时间紧迫的老板以及同事而言，那些在汇报过程中措辞简洁、思路清晰的人不啻为救命英雄。

"我常用的一个口头禅就是'要简短、要鲜明、要直接'。"奎斯特通讯公司的首席运营官特里萨·泰勒这样讲道，"我常常会说，'为什么我们不先将幻灯片暂停一会儿，你为什么不直接告诉我其中的缘由？'我更喜欢直接的讨论。对我而言，真正有效的会议应该是汇报者直接与我沟通，最多再给我一两页的论据支撑材料，这些就足够了。我非常欣赏能够这样做的人，而且我真心地想感谢他们。"

当然，这样的人也最有可能得到提拔重用。

/ 第五章 /

无所畏惧

　　面对问题，你是否能泰然自若？当事情一成不变时，你是否会觉得无趣？面对没有前车之鉴的问题情境，你是否能应对自如？当事情进展顺利时你是否会感到不舒服，非要做些改变？你愿意你的职业生涯充满惊奇，并不断学习新技能吗？你的舒适区是否恰恰就是不舒适？

　　换句话说，你是否能做到无所畏惧？

　　企业家通常会具备冒险特质，他们喜欢在开展新业务上孤注一掷，也正因为他们拥有这样的魄力，所以经常被商业杂志奉为英雄。但"冒险"一词并不能完全涵盖大多数CEO身上所具备的那种特质，也并非完全就是他们想在其他人身上挖掘并鼓励的那种特质。商业世界风起云涌、充满变数，维持现状——哪怕事情一切顺利——只会让你在竞争中落败。所以，当CEO们谈到那些具备这种特质的管理者们时，他们是心存敬畏之心的。他们希望能保留这种特质，并传递给每一个员工，就像运动饮料佳得乐能让所有人充满活力动起来一样，每个人也能因获得这种特质而有所作为。他们希望看到的是有计划的、有依据的冒险，但大多数情况下，他们只是想让大家能动起来——而不只是按部就班地做事。很多人都喜欢待在自己的舒适区里，这是天性使然，也正因为如此，许多CEO才会努力营造一种积极行动的企业文化氛围，鼓励员工跳出既定的战略布局而做些决定。

施乐公司的厄休拉·伯恩斯说："我所指的无所畏惧是一种发现机会和未雨绸缪的能力。公司并没有陷入困境，工作上也没有出什么问题，但一定有一种方式可以把工作做得更好，有些人就会说：'虽然事情进行得很顺利，但我还是想改变一下，因为我们可以做得更好，而且也应该做得更好。'我们会赋予无所畏惧的人才很大的职权去管理生产制造和供应链。他会不断地革新。他会说：'这样做相当不错了。虽然我们的所有机器已经就位，但是我们应该做些改变，我们必须这样做。'在变革做事方式以追求精益求精时，在做决定和做选择时，他向来是无所畏惧的。这就是我所说的无畏精神。因为最容易做的就是让事情按部就班地进行，尤其是当它虽然不完美，但也没什么大问题的时候。你必须提前做好准备，而且你必须努力完善它，以避免大祸临头再做弥补。当企业稳定下来，管理人员沾沾自喜地说'好了，我们现在做得不错'的时候，往往就是企业出现问题的时候。

"当你做得很好的时候，你确实可以说服自己不必苛求完美。"伯恩斯援引吉姆·科林斯（Jim Collins）的畅销书《从优秀到卓越》（Good to Great），"但是如果你具备无畏精神，你就会冒点风险做些改变，将事情做得更好。"

想要改变现状，可以让工作岗位上的人流动起来，从而让他们对工作保有新鲜感，并且以一种全新的视角看待工作。埃森哲咨询公司的CEO威廉·格林在管理公司时主要运用的就是这种方式。

"我们经营公司的理念是,无论发生什么,都要在立足当前的同时着眼未来。"格林说道,"为了应对明天的变化,我们拿出了和处理当下情况一样多的精力去做准备。在管理经营上,我们本着这样一种哲学理念——即使我们已经达到了最佳状态,也不要害怕改变。

"在我们公司,每逢夏季时节,人们常常问我:'你什么时候去度假?'因为他们知道在一周的假期里,我有足够的时间反思过往,并策划出种种变革举措,而变革可能出现在任何地方。人们甚至会就此开些玩笑,就连我们公司的外部董事会成员也会对我说:'你什么时候去度假啊,比尔?'今年的这个时候正值经济困难时期,为了将来的发展,我们启动了一个人力资本战略,整个企业大范围地推广新战略,我将领导班子的成员分散到各个不同的岗位上,提拔了一批新人进入领导层以注入新的能量。

"所有这些举措都是为了激励大家,为他们提供更广阔的视野和全新的体验。如果说人才的可持续性是指可以承担多种工作,那么这样做绝对是有助于提升这一点的,并且这也是接班人培养计划的一个重要方面——让候选者获取在不同环境下管理带队的经验。所以,当你认为一切井然有序、万事大吉时,就是你必须改变的时候,因为这就是我们现在生活的这个时代的规则。如果你选择休息,你将为此付出代价,因为现在是全球化的竞争,与你对垒的不再是传统的竞争者。新出现的竞争者你可能闻所未闻,而你只能让自己的思维尽可能适应所谓的'新常态'。"

勇敢无畏是可以习得的。很多CEO发现,他们作为首席执行官

第一部分 成功之道 / 057

时不得不学会面对这样一个事实，那就是他们常常不得不迅速地做出决定，尽管他们原本想要更多的时间或信息来做决策。BET电视网的CEO黛布拉·L.李（Debra Lee）从公司的法律总顾问调任首席运营官后，就得学会调整自己的舒适区。

她说："作为法律总顾问，你要做的就是调研，再调研，查明各个事件，了解各方观点，好好思索。你就像是一个法官。所以，当我从法律总顾问调任首席运营官后，一开始还是用以前的方式工作。我出席高级人员会议，听取广告营销人员的发言，听取程序员的建议，每个人说的话我都会听听。然后我再自己找个地方思考一下，做出决策。坦白说，这种方式并不管用。等我做好决定，他们早就各忙各的去了。我必须学会听从自己的直觉，当机立断地做出决定。你不可能获取到所有的信息。你也来不及分析数据得出完美的答案。"

职业教育公司的首席执行官加里·麦卡洛说，当他第一次坐上这个职位时，所面临的最大挑战就是做决策，有时甚至缺少数据信息来辅助决策。

他说："挑战之一就是你每天工作所涉及的事项或问题覆盖面甚广，你的思路不得不从一件事跳到第二件事，再跳到第三件事上，有时它们之间完全没有任何关联。在某些情况下，你需要当机立断。你必须果断做出决策，明确指出'接下来我们要这样推进事情'，而不是从长计议。所以，如果你对灰色地带感到不舒服，或者你不适应在只能获取75%~80%的所需数据时做决策，那么这份工作就不适合你。"

* * *

很多高管都曾感言道，勇敢无畏——乐于在生活和工作中作出改变的精神——是他们在面试应聘者时首要考察的特质之一。

盖茨基金会全球健康项目的总裁山田忠孝说："在你的组织中，必须要有真正愿意接受变革的人。如果无法做到这一点，那么你的组织就只能原地踏步。这自然就会导致停滞不前，也是一种不可持续的组织模式。对于人的这种特质我做了一些观察。有些人搬过家，比如军官家庭出身的人，在其一生中，他们可能会因亲人驻地的变动要搬10次家。还有些人从出生到长大，再到上学就业，终其一生都在同一个小城里。你认为他们之中谁更倾向于作出改变？在现今的社会里，你一定得确保你的员工有过在异地的生活经历。这份经历使他们在面对改变时能泰然处之。在一个由不懂得接受变革的人构成的组织中，最大的问题就是他们总是在对抗任何新鲜事物、新的思想、新的理念以及所有外界的观点。企业因此失败的案例自然不胜枚举，所以我认为这是很关键的一点。我们企业中几乎所有的员工都曾去过世界各地，体验过各地的风土人情。"

家庭购物网（Home Shopping Network，HSN）总公司的CEO明迪·格罗斯曼（Mindy Grossman）就喜欢在应聘者的简历中看到冒险的经历。

她说："他们一定要有过这样的经历——无论是平级调动去接手新业务，还是到了一家业绩不好的公司，总之，他们要有带领一个团队作出变革的经历。确切地说，在我们的企业文化下，我更加希望员工们不只是能应对变革，还要能享受并热爱变革。我喜欢问人们这样的问题，他们是如何做职业决策的，以及为什么会做那样的决定。我发现，与我有联系的，甚至只是与我共事过的大多数人都会喜欢变革。他们有着很强的求知欲，所以他们不安于垂直化的升迁。我会询问他们的故事。我喜欢听他们讲这些事，而这也让我对这类人有了更真切的认识。"

施乐公司的前任CEO安妮·马尔卡希（Anne Mulcahy）看重的特质是适应性和灵活性，她以自己的亲身职业经历和她如何选择高管为例讲述了这种特质的重要性。

"现在看来，我们需要做出的改变多到令人难以置信。"她说道，"任何一个适应和融入了组织的个人，都会越来越难以在公司中得到满足感。你需要接纳很多模棱两可的东西，既需要适应环境，还不能太刻板或期望太高，10年前，我的状态大概就是那样的，一切都是按部就班地进行。我认为现在的我更加富于变化，而这是必需的。真正卓越的人就应该能真切地感受到变化，享受这种改变，并且不要对自己能发挥多少作用、做出多少贡献加以限制。"

她会研究一个人的工作经历来确定其是否具备这种特质。

她说："我会看一个人工作领域的跨度，以及他是否满足于垂直的职级晋升，喜欢在工作领域尝试水平拓展，也就是说，你看到的不会总是职位头衔的步步提升。你能看到他们是否渴望学习新东西，甚至是否追求过一些反传统观念的事物。我认为这些工作经历都预示着这个人在工作环境中是否会持有开放态度，并且有良好的适应性。"

马尔卡希自己的工作履历在某种程度上就体现出了无畏精神。

她说:"我在销售部的职级不断提升,一心只想着——你知道,就是向上升一级再升一级。后来当我达到一定职级时,感觉精力已经被掏空。虽然我知道还可以做得更好,获得更多的预算和销售指标,但我还是选择调岗到人力资源部。我这样做不是为了提升领导力或者职业抱负,仅仅是因为我认为它挺有趣。我一直认为人力资源部门应该成为企业中强有力的一个部分,然而事实往往不能如愿。所以我想介入其中,让人力资源部为世界各地的施乐公司带来活力。这一决定确实改变了我的职业生涯,也提升了我的领导力。"

* * *

与其他四个成功的关键要素一样,无所畏惧是一种态度,而态度是每个人都能完全控制的事情,所以这种特质是可以培养的。方法很简单,那就是多冒险。

能量饮料公司FRS的CEO麦格瑞德·艾希特(Maigread Eichten)说:"在多点冒险这件事上,我想做得更好,我给自己设定了一个目标——每天做一件或多或少令我害怕或者对我有难度的事情。我认为,想要变得更好,你就要挑战自我。你必须去做一些对你个人而言有难度的事情。"

很多CEO都表示他们具有这种不断挑战自我的习惯。

洋葱报业(The Onion)的CEO史蒂夫·汉娜(Steve Hannah)说道:"每天我都会尝试走出自己的舒适区。不管出于什么原因,我会去做一些我不想做的事情，或者参与一些对我而言很困难的事情。"

CEO们给出的忠告是你终将会因无所畏惧而得到回报，因为很少有人能以这种态度面对生活，并怀着这种心态去工作。它确实也是有风险的，现状一旦被打破，就可能带来动荡。但是，只要你能重视公司的最大利益，你就能为公司带来新的机会，同时也能为自己带来机遇。

* * *

还记得那100个35岁上下的精英们吗，就是我们在第一章开篇所提到的？让我们将时间快进20年，设想一下他们50多岁时的状态。他们中有的人已经踏入了公司的最高层，这要归功于他们夜以继日地努力，所取得的成绩帮助公司一步步走向成功，向他们的老板证明了自己的能力。他们对于整个企业的运营以及如何让它从竞争中脱颖而出充满了强烈的求知欲。他们证明了自己的实力，并且还将再次承担艰巨的任务。他们能将复杂的战略决策提炼成几个优先事项，并组织员工集中力量攻克几个关键目标。他们建立了能力互补的团队，并使之为了宏大目标而团结奋斗。他们还推动老板们去对组织做出改革，甚至还会在并没有迫切需求时就采取大胆的尝试。在企业的顶层管理者中总能发现这些人的身影。作为领导者，他们具备这些特质，并且还会协助其他人培养这些特质。

/ 第六章 /

职业建议：做足准备、保持耐心以及跨越障碍

"职业生涯管理"，"职业阶梯"……

几十年来，人们在讨论有关工作的话题时常常会用到这些词汇。它们被持续使用，源于几个很明显的原因。毕竟，"职业生涯管理"意味着人们能自己"管理"自己的职业生涯，就像管理自己的家庭预算一样有计划。这个词意味着，只要人们认真做好计划，就能得到他们想要的。而"职业阶梯"呢？这也是一个诱人的理念。只要踏上第一个台阶，辛勤工作，就能稳步攀升到最高职位。路线很清晰，终点很明确。

但持有这种观念的人会发现一个问题，那就是真实世界的运行法则并非如此。

人们该如何看待他们的职业生涯呢？有一个比喻很合适，那就是"障碍赛"——充满了意外、有上坡下坡以及横向移动。另外，在这场障碍赛中，还有很多其他的参与者。

卡尔弗特集团（Calvert Group）的CEO巴巴拉·克鲁姆西克

（Barbara·J.Krumsiek）在判定那些传统观念并不适用之后，就开始使用障碍赛这个比喻来形容职业生涯。

她说："我认为职业阶梯这个概念颇具破坏性，因为它在暗示什么呢？它在说你无法超越前面的人，除非将他们从职业阶梯上推下来。这个词会引发侵略性行为。但当你把职业生涯当成一次障碍赛时，即使有很多人身在其中，他人的成功也并不会妨碍你的成功。我可能还可以花点时间来帮助你翻越下一道障碍，而这并不影响我到达我想去的地方。"

同其他CEO一样，克鲁姆西克在指导职业生涯方面很有发言权。这些顶级的高管知道是什么因素将他们带到了现在的位置，他们也知道对于组织中的其他人而言哪些东西是有用的，因为他们通常就是直接决定谁可以得到晋升（当然是晋升到高级管理层）的决策者。

对于如何在职业障碍赛中取得成功，CEO们给出的建议大致可以分为两大类别：做足准备和保持耐心。

你要为职业生涯做好准备，而不是去安排计划。专心积累广泛的工作经验，会让你做好更加充分的准备以迎接随时可能出现的新机遇。保持耐心——专注做好你当前的工作，晋升的机会自然就会到来；野心勃勃更有可能会让老板们反感，并不会给他们留下深刻的好印象。对于因人际关系而带来的意外收获持有开放态度——有时偶遇可能会给你带来意料之外的新机遇，如果一叶障目，只是不停地追求自己设定的职业规划，你就有可能错失那些机会。强迫自己走出舒适区，甚至可以走出国门，这样你不仅会对其他文化有更多的了解，而且还会对自己有更深入的认识。

做足准备

雅虎的CEO卡罗尔·巴茨更喜欢用金字塔的比喻来替代"职业阶梯",因为这样可以传递出一种信号,那就是人们应该为晋升打下广泛而坚实的经验基础。

她说:"之前并没有人给过我这类建议,只是我自己的亲身经历。你的职业生涯不应该像梯子一样竖直向上,而是该像金字塔一样稳固。你需要以经验作为地基,因为那才是更加稳定的结构。想想吧!如果你做过很多不同类型的工作,那么你就具备了向上攀登的平台,无论你想攀到多高都是可能的。而这需要你做的就是横向移动,包括走出你的舒适区。每个人都想不断得到晋升。我是在向上向前走吗?但有谁能保证在40年的职业生涯里一直都是向上向前走呢?然而,商学院有时就是这样向学生描绘职业生涯的。事实不是这样的,好好去看看企业到底是如何运作的吧!"

百胜餐饮集团的CEO戴维·诺瓦克对于巴茨的建议表示赞同,他也认为人们应该了解整个企业是如何运作的,而不只是满足于掌握某些专业技能。这种探究的兴趣还能为你创造与组织中其他人相识的机会——这些关系的价值后续得以显现。

他说:"我告诉人们,一旦你接手一件工作,就应该以领导者的态度来行动。这并不是说把自己当成领导而自行其是,而是要学会商业运作的逻辑。不只要思考你自己的业务模块,还要思考整个企业的商业运作。通过这种方式,你将可以从一个更广阔的视角上看待问题。"

想要把那些历史悠久的传统职业观念都抛弃并不是一件容易的事。很多人会想当然地认为，大学毕业后的第一份工作如果不能进入一家优秀的企业，那么将会在争取人生重大机会上落后于他人或直接出局。然而，几乎所有的CEO都认为持有这种担心完全是浪费时间，只会带来不必要的压力。

奥马尔·哈默伊（Omar Hamoui）从沃顿商学院退学后建立了移动广告网络公司AdMob，他说自己在刚毕业的学生身上看到了太多传统观念的侵蚀。

哈默伊说："无须害怕。我这样说的意思是指有太多的决定是在恐惧下做出的，做这些决定的人往往以为自己会失去很多东西，但实际上并没有那么多可失去的。当你们刚从学校毕业时，有很多人想要创业。但他们担心如果自己做了这个，就不能去找工作，担心自己以后该如何生活，这样那样的问题不胜枚举。其实在那时，他们就算做出了大胆的尝试，也不会承受多么大的风险。即使他们一毕业没有找工作，又创业失败，最后还是能找到雇主，也还是能做出一番事业。他们并不会贫困潦倒到住在街边的废品堆里。

"我认为商学院的学生在这方面的行为有些滑稽可笑。如果你去商学院，或者法学院，又或者任何一个充斥着雄心壮志的学生的专业院校，会看到他们普遍过于神经紧张。如果他们在毕业前的暑假得不到一份实习的工作，就好像将来会无家可归似的。实际上大可不必如此，他们只是在分析其中实际的风险时遇到了困难。他们太患得患失了。甚至当他们得到一份工作时，还可能会出现左右两难的想法或做出迥异的决定，并且他们由于过于担心失业，以至于根本不敢尝试或努力实践。我知道在当下经济形势严峻和失业率攀升的大环境下，此番言语可能不合时宜。也许应该把这种大环境的不稳定也纳入人们风险评估的影响因素中。但总的来说，许多专业院校刚毕业的学生还是过于焦虑、过于保守了，已经超出正常的限度。"

许多CEO给毕业新人的建议是：对于毕业后的第一份工作不要担忧过多。卡尔弗特集团的巴巴拉·克鲁姆西克对此表示赞同。

克鲁姆西克说："你不会知道自己在哪里最能发挥才干。所以，如果你认为只要详细调研，就能找到自己的准确定位，那还是忘了这件事吧。我曾经以为自己会继续深造，获得数学博士学位，然后教书育人。绝没有想过我会是现在这样。所以我想帮助年轻人去认识到在初次择业时不要计较太多。只要努力先找到一份看起来有趣的工作就行了。成为一家优秀公司的一员，那的确很重要。但就算你如愿以偿进入了一家优秀的公司，并且获得了一份还算有意思的工作，这也并不一定就是你生命中的最后一份工作。你会在工作后对自己有更多的认识。大学教育根本不可能教会你工作中的一切。"

新闻聚合网Alltop公司的联合创始人兼车库科技投资的总经理盖伊·川崎也鼓励年轻人对于20多岁时所做的工作不要太过忧虑。

他说："大多数刚从学校毕业的人都认为他们必须做出一个完美的决定：是高盛投资公司，还是谷歌公司，又或者苹果公司？他们认为自己的第一份工作即使不至于影响他们的一生，也将决定他们的职业生涯。而回顾过往，你会发现这种想法完全不正确。"从本质上说，在选择第一份工作时，没有什么比成为一个咨询顾问或投行经理更错误的了。

许多咨询顾问和投行经理无疑会质疑这个观点。但川崎认为，这些工作并不能给人提供足够的实践经验——对于刚步入工作岗位的学生来说，工作中最困难的部分是贯彻决策，而非制定决策；更重要的是把精力集中在经验积累上。

他说："试想一下，你进入了一家创业公司，它可能成为下一个谷歌。当你25岁时，你的身价将是5000万美元。每个人都会将这称为成功。但如果你进入的创业公司破产了，那么在这个破产的公司里，你学到的领导力经验要比你在下一个谷歌的公司里学到的多得多。更加明确地说，你将学会不去做什么。这样你就不会像刚毕业的学生那样犯错。"

川崎这样说正是基于自己的经历——他的第一份工作和科技领域毫不相关。

他说："我的第一份工作是在世界各地挑选钻石并搬运金银首饰。珠宝生意很难做，比电脑生意难做多了。你需要真正地学会如何照顾好你的客户。我学到了十分重要的一课——如何销售。销售就是一切。只要你参与销售，你就仍未出局。这一课伴随了我整个职业生涯。"

有些CEO指出，销售是一项重要的技能，它可以令你的整个职业生涯受益。

"我给年轻人的建议不曾变过，那就是做一份销售的工作。"胜科金仕达（SunGard）的CEO克里斯托瓦尔·康德（Cristobal Conder）如是说，"你可以卖毛衣。你可以在街上卖冰激凌。这都不重要。如何将一些东西卖给本不想买它的人是我们一生都需要学习的技能。我在面试的时候，能看出应聘者是否做过销售。"

无论是销售技能还是其他技能，重点强调的都是将工作视为学习经验的机会，借以拓展知识，开启新的机遇和关系。在动荡的全球经济局势下，丰富的工作经验才是最好的保障。

"当你思考你的职业生涯时，不应该去计划它。"达登餐饮（Darden Restaurants）的CEO克拉伦斯·小奥蒂斯（Clarence Otis Jr）回想起别人给他的这条建议，"事情变化得太快；有太多事情正在发生；有太多事情可能会出现，好的坏的都有。职业生涯不应该是规划出来的，它需要的是做足准备和培养技能。如果你能做到这一点，你将摆脱厄运，抓住机遇。"

有的CEO说为职业生涯做准备的最佳方式是旅行。

卡普里资本公司的CEO昆廷·普里莫说："三个字——走出去。离开这里。这就是我对所有人说的话——走吧。我不管你去哪里，只管去就是。因为世界无时无刻不在变化着。如果你还不到25岁，那么只会说英语是不行的，这是让人无法接受的。如果你只会说一种语言，你获得成功的机会将会很渺茫。

"所以你必须离开你的家，离开你那安静舒适的家，离开你的舒适区，走进风险的泥沼，迎接未知。除此以外，你还能更深入地去理解世界文化，不仅对其他国家如何看待我们的文化有更清晰的了解，而且对我们文化中所蕴含的价值观和文明财富有更清晰的认识。没有比这个更重要的了。我不在乎你是哪个商学院毕业的。我不在乎你的成绩是好是坏。你必须离开你的国家去闯荡。"

洲际酒店的安德鲁·科斯莱特也给出了类似的建议。

他说："离开家。去尽可能远的地方。你要经受过考验，要测试过你自己。所以我的职业生涯建议也是生活建议。去发现你是谁，去了解你能应对什么，并且学会将自己置身于完全不舒服的境地。强迫自己走出舒适区是生活中极为重要的一课。"

保持耐心

在商界，耐心多半有着不好的名声。如果一个公司让对手在一个新的市场领域占得半步先机，那么自己就要奋起直追。你最好要大胆，要敢于冒险，抢先占领新兴市场。许多企业家正是因他们的耐性差而受到赞誉——他们干劲十足的态度帮助他们赢得了商业角逐。正如俗语说的："一步输步步输。"

因此，劝告那些雄心勃勃的人在事业上学会保持耐心是很难的。然而，这恰恰是许多CEO给出的建议。

迪士尼的罗伯特·艾格说："就职业规划而言，耐心是极其重要的，因为人们常常为自己设定一些不切实际的目标。这样做没错，因为你毕竟胸怀抱负，但不可控的因素很多。当你设定了目标却又没有达到时，你的理智会失去控制，它会导致不耐烦的情绪，让你匆忙做出职业决策。那可就会铸下大错。我曾经的一个老板说过，当你认为什么事情都不会改变的时候，其实每件事都在发生变化。当你觉得不会有什么机会的时候，任何机会都可能自动浮出水面，说不定哪一天你就会时来运转，碰到巨大的新机遇。我的一生中，这样的事情就发生过好几次。"

CEO们也表示他们很欣赏那些专注于做好手头工作的人，不喜欢那些老是想着何时能在名片上印新头衔的人。他们说，做好你的工作，自然会受到提拔。

高盛投资公司的CEO劳埃德·布兰克芬说："在你的职业生涯中，真正应该做的事情就是把手头上的事情做到最好。如果你能专注于你的工作，受到广泛的认可，那么晋升就是水到渠成的事。如果你只是把下一份工作当作养家糊口的营生，那么你得到它的可能性很小。而如果你对工作满腹牢骚，并且为人所知，那么你基本没希望得到那份工作。"

布兰克芬说事业上的追求有点像高尔夫挥杆。如果你放轻松，挥杆会更有效。他还说："你看待自己的职业和目标越轻松自如，就越能打出好球，从而成为一个更好的球员。"

洲际酒店集团的CEO安德鲁·科斯莱特说，舍弃特定的职业期望可以让人们在当前的工作中更有效率，因为这意味着他们更加愿意改变现状。布兰克芬对于保持平衡也有另一番思考：对于你正在做的事情，要保持紧迫感，但对于你的职业生涯，不要有紧迫感。

科斯莱特说："不断提问题。在大多数行业里都有一些颠扑不破的经验法则，多少年来从未被质疑过。商业的秘诀就是不要顾虑太多。因为如果你顾虑太多，你就不会提问，也不会去挑战，因为你会过度在意自己的地位以及别人会如何看待你。刚工作之初，我比较漫不经心，因为我总是会想如果我在商业上做不好，就去其他领域再试试。对于正在做的事情，我总是投入百分之百的努力，但是心中特立独行的那个我总是跳出来，让我提出一些难题，我由此成了一个刺球。"

职业教育公司的加里·麦卡洛说，许多商学院的毕业生在步入工作岗位时，常常怀着一些不切实际的期望——幻想自己可以在组织中快速地得到晋升。

他说："坐到我这样的位置其实还是需要花些时间的。我不知道有多少学生是这样想的——用1~5年的时间就晋升到我现在的职级。事情根本不可能是这样的。如果学生们从商学院走出来时就能对于企业真正的运作方式有更切实际的感知，而且也多少经历过些磨难，那么我们工作的开展将更顺利。"

BAE系统公司的CEO琳达·赫德森（Linda Hudson）说，她也被许多商学院学生的耐心缺失而"折服"。

哈德逊说："我发现刚毕业的商学院学生进公司时，首先想到的就是自己一夜之间就能接管并运营公司。当中的许多人还认为自己从来没犯过错。他们并不习惯于应对路障或问题情境，但是，当企业涉及决策事宜时，这些问题会经常出现。另外，他们几乎不具备人际交往技能。

"所以，我认为讲授商业知识的一个重要环节应着重强调如何确立实事求是的期望和培养商务活动中的人际交往能力，来帮助他们应对失败，从困境中学习和确定企业环境的方向。因为，他们经常不具备这些能力，也没有人教他们如何应对拒绝，或者事与愿违的情况。我们教的全是书本知识，对于那些真正在商业中所需的其他技能却鲜有涉及。"

她说新员工应该花更多的心思来了解一个组织的企业文化。

哈德逊说："对于企业中所有我认识的人，我都会对他们说，你首先需要做也是最需要做的就是理解你工作地方的企业文化，并且让它为你服务，而不是去对抗它。企业就是一台台趣味十足的机器。你需要寻找的就是这个企业的非正式的动力，未必是表面看起来的那种。我的一个前领导跟我说过，'先花几个月的时间，在你的岗位上搞清楚工作究竟是如何开展的，然后与组织中真正的行动者和变革者建立合作关系，因为这才是助你取得最大成功的工作方式。'我给人们的建议也皆是如此。在企业中你不可能依靠一个人单打独斗取得成功。关键是你如何适应，你是否知道如何使事情在现行组织框架下完成，以及采取的手段是否为你所工作企业的文化和价值观所认可。

"一旦你找到实际的关键人物，组织运行的动力所在，也就是你必须与之合作的人，你必须向其通报工作的人，你必须向其寻求建议和许可的人，你就能真正地让这些庞大且行动迟缓的组织运作得非常顺利。这些都与组织中的非正式架构有关。这意味着人际关系的维护至关重要，你必须积极地适应组织，这样你才能做出不仅有利于自身，同时也有利于组织的决策。"

每个人都多多少少忍受过差劲领导者的管理，或者说时常会如此。雅虎的巴茨说人们会希望尽量远离这样的老板。但即使处在这种情况下，人们也应该保持耐心，尝试充分利用机会，而不是鲁莽行事。

她说："我觉得人们应该意识到，他们从差劲的管理者那里学到的东西要比从优秀的管理者那里学到的更多一些。人们容易陷入一个怪圈——他们太过气馁，以至于不去关注真正发生了什么。当你有一个好的领导时，事情进行得太顺利以至于你甚至不知道为何如此顺利，这只因感觉良好。而当你有一个不好的领导时，你就不得不思考是什么东西让你反感，并反问自己，'我会那样做吗？我会做这样的选择吗？我会

以那种方式对人说话吗？这件事如果给到我，我会如何做？'

"当有人来找我说'我不愿意再为那个人干活了'，我会说，'好吧，那么你从那个人身上学到了什么？'人们会想将自己置于弱势地位，并说，'哎，苦不堪言。'这样不行。你必须学会应对自身处境。否则你就是在离某个目标越走越远，而不是向着目标前进。你绝不应该逃避任何事。"

Drugstore.com网站的CEO道恩·莱伯雷也曾经在一个糟糕的老板手底下工作过，他从中学会了何时应该忍耐，以及何时选择离开。

莱伯雷说："我工作之初遇到了一个十分讨厌的老板。她的年龄比我大。她起先在金融服务业工作，遇到过许多问题，所以我想那段艰难的经历可能影响了她的领导风格。她很聪明，但沟通能力很差。员工们感到不受重视，或者不舒坦，甚至感觉不到一点儿来自上级的支持。对于那种感觉，我印象深刻。所以我想，我绝不会像她那样对待别人。"

莱伯雷说，在为那个老板工作的几年中，离开的念头有过不只两三次，但他最终还是选择留下来。

"生活就是权衡游戏。"将自己的建议归纳总结以便告知别人时，她会这样说，"你必须清醒地意识到你在其中的取舍。我知道在那个工作环境里还有其他的积极因素，以及足够的机会让我选择坚持下来。但你知道，我终归还是不开心的。我必须深呼一口气，对自己说：'好吧，我知道这一切终归会结束，而我愿意暂且忍受。'但你不能甘做受害者。如果你容忍自己成为受害者，那么就是在迎接死亡之吻。所以你要这么想：'好吧，是我自己选择接受这一切的，但当我忍无可忍之时，我就会采取行动。所以我不会让自己感到被轻视，以至于产生一无所长的感觉。'如果这开始损害你的自信心了,你就必须离开,因为自信心受损会影响你做的每件事情。"

梅西百货公司的CEO特里·伦德格林(Terry J. Lundgren)讲述了一个令人印象深刻的故事,内容是他何时在工作中意识到了耐心的价值。

"我第一次做采购助理的工作时,"伦德格林说道,"真心不喜欢那个领导,他总是让我做一些在我看来很愚蠢的事情。我勤奋地工作,但基本上只是签个字将家具从一个商店转移到另一个商店。这让我不禁疑问,'这是对我时间的合理利用吗?或者说,还有什么事情是我可以做的?'后来我刚好被基恩·罗斯(Gene Ross)召见,正是他通过校招将我招进公司的,而且我对他是由衷地敬佩。我告诉他:'嗨,你知道吗,工作并没有那么让人兴奋,我开始犹豫了,如果我能调到其他部门,我想我能做得更好'。

"他只是盯着我点点头,然后指向身后的一幅海报。画面里有一棵小树栽在花盆里,旁边写着'在你被种下的地方绽放自我'。随后我想,'好吧,我知道了。'接着他说:'你不会永远做现在的事情。你做这件事情的时间是有期限的。把事情做好,做得非常好。如果你能把这件工作做得非常非常好,每个人都会看到这一点,他们自然会将你安排去做下一件事情。如果你把下一件事情也做好了,那么你还会接到新的任务。'这是我能给你的最佳建议。"

施乐公司的厄休拉·伯恩斯针对职业和耐心的关系给出了深刻的见解——她从一个前领导那里学到了'归零'的重要性。她借用一张纸更好地说明了这一点——在纸的中间画一条线,将线条左下方的区域遮盖起来。

她说:"当你开始工作时,无论是什么工作,你都要先学会辨别秘书是哪个,卫生间在哪里,你的同事是谁。相信我,大部分的时间里你都是在零之下工作。"

她指向线条的中部。

"这是大多数人想要离职的时候。他们说,'我做好了。我知道这个工作的所有细节了。我完事了。'但想想这一点。如果你从这里离开,你所做的东西基本上都还是负数,你带走多少东西,就是亏欠公司多少东西。然后,你又坚持工作了六个月,你可以熟练地完成本岗位的工作了,但你还是没有真正对工作做出你力所能及的优化改进。"

她将线条右侧的区域盖起来。那意味着公司期望管理者在接受所有培训并吸收经验后(线段左侧的部分),能够做出贡献——回报。净差额应该"归零"。

伯恩斯说:"只有当你做出的贡献与你接受的培训以及吸收的经验持平后,才可以离开。令人遗憾的是,这个过程通常不是一天能完成的,而是需要几年的时间才能完成。人们走进办公室对我说,'你将我安排到这个还在发展中的项目里,我现在已经知道如何管理这个项目了。谢谢你。我能换到下一件任务吗?'我说,'好啊,那你欠我的东西怎么办?再多待一阵子,着手优化这个项目怎么样?'"

* * *

韦莱集团控股公司的CEO约瑟夫·普卢梅里给出了一条有用的建

议，他着重强调了机缘和人际关系的重要性。他的比喻——在车水马龙的街上闲逛——可能会让孩子的父母们感到不安，但这个令人印象深刻的说法却可以很好地突出偶遇对一个人职业生涯的影响。

他说："我所做的每件事，都是因为我走出去在街上闲逛，尔后有些事情就发生了。如果你把自己推出去，你会见到一些人，做些事情，参与到某些事情中，那么有些奇妙的事情就会发生。我的第一份工作是在科根·博林·韦尔·莱维特公司，公司名字由四个人名组成，所以我以为是一家律师事务所。因为我即将进入法学院学习。最晚的课程在中午就会结束，所以我想去华尔街看看，找一份可以下午去兼职的律师事务所工作。

"所以我去敲了敲门，看到名字后，我就认为这是一家律师事务所。我走到前台，问工作人员，'我想找一份工作，请问可以找谁？'前台人员说沿着大厅直走然后左转，去见韦尔先生。我并不知道桑迪·韦尔（Sandy Weill）是谁，那时还是1968年。见到他后，他问我可以为我做些什么。所以我讲了自己的想法：早上在法学院学习，下午在这里兼职学些实操的东西。这是很好的切入点。而且他也认为这是个很棒的想法，但他又问我：'是什么让你认为在这里可以学习到法律知识？'我说，这是一家律师事务所啊。他说不对，这是一家证券公司。我当时很想找个地洞钻进去。我尽量让自己不那么尴尬，而他已经笑了，他给了我一份兼职工作。后来，那家公司成了花旗银行。

"很多年之后，我离开了花旗银行，有一次我在巴黎的街道上走着，偶然碰到了亨利·克拉维斯（Henry Kravis）。他问我，'你最近在做什么？'我说自己正在寻找下一段冒险经历，因为自己刚离开花旗银行。接着他说他们刚刚成功收购了威利斯公司。我问他那是一家什么公司。他说那是一家保险公司。两周后，他给我打电话。你就知道后面的故事了。我生命中两次重大的机遇仅仅是因为我出现在那里。所以我告诫人们，要走出去，到处转转，哪怕去街上闲逛也行。有些好运就来自于此，但前提是你要多出去走走。"

许多CEO对此建议表示赞同。与其心浮气躁，不如花些时间去结交朋友，建立人际关系。他们也许会帮助你在职业生涯的障碍赛中走得更远，前进得更快。

萨克斯百货的斯蒂芬·萨多夫说："事业之初，你要花点儿时间做些工作以外的事情。你要做好工作所需的所有事情——做预算，做推销。但是如果只做那些每个人都可以做的事情，你就无法形成自己的独特性。在你执行上级交代的任务之外，你得花些时间建立人际关系网。这些年来，我一直很惊讶的事情就是，从一处发展出来的人际关系，居然可以在别处对事情的发展有如此之大的推动作用。"

第二部分

管理之道

/ 第七章 /

等待着你的惊喜

当一个员工被提拔为管理者时,他就开始承担起监管一个小团队的职责。当进一步被提拔为一个更大部门的领导时,他必须管理起其他的管理者。第三阶段的晋升则由董事会任命为CEO,也就进驻了拐角办公室。

这些工作的内容截然不同,对应权责也大不相同。但在一个关键的方面是一致的,即每一个新履任的管理者都可能惊讶于他们所需要面对的一系列挑战:严格的审查制度、重大的责任、大量的工作、新一批属下的管理,以及员工们对领导者具有超凡智慧和能力的期望。

尽管人们可以为接下来的管理工作做足准备,但他们依然可能会感到无从下手。许多CEO恰恰可以在这方面提供些指导,他们的经验可以帮助各个层面的管理者为晋升新的管理岗位做好准备,让他们对微小的举动或不经意的言辞可能产生的巨大影响保持敏锐。管理工作的岗位训练是以公开的形式进行的——管理者必须学会如何在聚光灯下处理工作,因为他们的一举一动都被员工看在眼里。主管们越快地进入角色，也就能越快地赢得员工们的信任，进而有条不紊地开展管理工作，避免仓皇应对新岗位的工作。

本章提供了一些经验之谈，为的是帮助新晋的管理者缩短不可避免的适应期。CEO们通过分享自己的亲身经历，以期帮助新的管理者提前预览接下来的工作。虽然经验本身不可照搬，但这些CEO确实能够帮助新的管理者快速度过这个时期。

管理工作的实践绝不是仅凭懂得管理理论就能应对的，尤其对于那些第一次从事管理工作的人而言，理论的作用更是有限。

盖伊·川崎是新闻聚合网站Alltop的联合创始人兼车库科技创投公司的总经理，他说："当我还在学校学习时，就钟爱彼得·德鲁克的著作。他是我的英雄。我曾经有一个天真的想法，那就是当我成为管理者时，要按照彼得·德鲁克书中的方法行事。换言之，我将成为一个高效的管理者，我会与人们谈论他们的目标，并且帮他们实现目标。我的想法是，我是天生的领导者，所以我要学习金融学和运筹学这种难学的与数学相关的课程，而不去学那些花前月下的文科生课程。

"当我真正踏上管理岗位时，我才发现领导和管理他人是那么艰难。那些亲切友好、定义模糊的东西最难。反而那些可以量化的事情是简单的——作为管理者，你基本不需要做那些事情，或者让别人为你做就可以了。也许这就是我受的教育，学校里学的很多东西并不能与时俱进。你学习了所有艰涩的课程，到头来却发现现实世界中根本用不到它们。只要会用计算器或者电子表格，你就具备了大多数管理岗位所需的财务技能了。现在回想起来，当时我应该去学些组织行为学和社会心理学的——可能变态心理学也得学学。"

身处管理者的位置，惊奇会不断涌来。当一个人踏上最顶层的岗位时，还会有大的惊奇等着他。

劳伦斯·凯尔纳（Lawrence Kellner）曾经是美国大陆航空公司的2号人物，数年来，他都可以近距离观看戈登·贝休恩是如何操盘这家大型公司的，这为他提供了绝佳的机会，让他可以清楚地知道有朝一日接过指挥棒时需要面对的是什么。当他在2004年被任命为CEO的时候，他本以为不会再有什么出人意料的事情，但他错了。

"让我惊讶的仅仅是当一切都由你来决定时所带来的不同。"他回忆道，"你可能无需决定每一件事，但归根结底那一切都是你的决策。这种感觉有点像做父母。人们可以向你描述当父母时的状态，而你也认为你已经知道了为人父母时所需面对的事情。但当你真正为人父为人母时，你会说，'哎，生活中总是有些事情只有当你亲身体验过后才能够理解。'担任首席执行官就是这类事情的其中之一。在我接任之前，从没这么认为，但它的确属于那类只有亲身体验才能理解的事情，'好吧，这种感觉难以向他人言明。'事情并不像你预期的那样——有那么多的人在向你讨时间，所有的责任和要求都落在你身上。"

有几个首席执行官向我们讲述了他们真正意识到自己掌权的时刻，那就是他们再也不用让其他人来审批他们的工作了。吉尔特集团的CEO苏珊·莱恩分享了她在一家杂志社的工作经历。

她说："当我第一次创编《首映》（Premiere）杂志时，那是我第一次成为公司里的1号人物。在那之前，我一直是做总编辑的工作，因而总有一个人是我可以走过去说，'这是我认为我们该做的。'当我们的创刊号出来时，我的第一反应就是去找当时的老板约翰·埃文斯（John Evans）。他是一个十分有趣的人，当时还管理着《默多克杂志》，即使后来我从他那里离开，他也一直是我的良师益友。我把我的《主编寄语》发给了他，因为我的想法是'给我些反馈建议吧'。而他直接打来电话，对我说'这是什么？'我答道，'这是我的《主编寄语》。我想你会愿意看看的。'他说，'我可不是买了一条狗，饿了就会叫。不要再给我发你的《主编寄语》了！'我从这件事学到的是，'好吧，在这里我要自生自灭了，我再也不能像当二把手那样侥幸逃脱了。'所以，我最好学会自己做决定，听从自己的声音。"

首席执行官承担的责任之重大也令人出乎意料。埃森哲的CEO威廉·格林讲述了自己被提拔为首席执行官时的内心感受。

他说："你所需背负的责任之重大超乎常人想象。你不是去做一个殉道者，而是捍卫自己领土的守护者。在我们工作的地方，你每时每刻都能感受到周围的动态，你要对所有员工和他们的家庭负责，这份责任重于泰山。我愿意承担责任，但对于责任背后的精神意义我还未曾体会。成为这17.7万人的精神支柱是一个难以推卸的重大责任。我是一个年轻时对自己负责都成问题的人，而现在有17.7万人依靠着我，这需要花一段时间来适应。"

* * *

所有人的眼睛都看着你。每次耸肩，每次皱眉，甚至是你走路的方式——是自信、充满能量的，还是颓废的，都将被你的员工看在眼里，作为他们不厌其烦地审视你的线索。

BAE系统公司的CEO琳达·赫德森还记得自己刚搬进拐角办公室时，感受到的别人对自己的密切注视。

她说："那是我第一次成为一家公司的总裁。多年以来，我在组织中不断地得到提拔，肩负的责任也越来越大，但直到那时我才发现自己站到了这样一个岗位上——我成了真正需要为公司业绩负责的那个人。我早已掌握了公司运行的日常机制，但我仍不认为那个层次的领导力能够同我接管整个公司时所需的领导力水平相提并论。

"有一件事可能看似微不足道，但对我而言意义深远。当时，我刚刚被提升为通用动力公司（General Dynamics）的第一位女总裁，我就去商场买了一件新套装准备穿去上班。诺德斯特姆百货（Nordstrom）商场里的一位销售人员向我展示了如何以一种十分不同寻常的方式系围巾来搭配我的新套装。第二天，我就穿着新套装去上班了。而等到第三天我去上班时，我就在公司里碰见了十几个女同事用跟我完全一样的方式佩戴围巾。

"从那时起，我就意识到生活再也不会像从前那样，人们现在会观察我的一举一动。这当然不只关乎我如何穿衣打扮的问题，还关系到我的行为，我举的例子，我定的调子，我展现出的自己，我的自信与否等等一切事情。那些事情不光与我相关，也与整个公司的基调相关。那是我终生难忘的一课——作为领导，人们看待你的方式是你在其他岗位时难以想象的。而且，我认为这个岗位的艰巨性是我领导一个职能部门或是一家小公司时所不能比拟的。时至今日，那种意识以及与之相伴的责任仍然每天回荡在我眼前。"

千禧国际集团（Millennium）的CEO德博拉·邓西尔（Deborah Dunsire）说，她也深刻地认识到CEO这个职位背后蕴含的巨大权力。她回想起一个人力资源高管曾经这样建议她："你坐上这个位子后，不得不去顾及的事情就是你的身上装了个扩音器，你的一言一行都会被放大公示。"

她讲述了自己是如何领会到这一点的。

她说："当我晋升到更高级的领导层时，人们会从我的外在仪态上找线索。所以，当我看起来因为关心某件事而有些焦虑时——这有时正是我深入思考的表现，有人就会走过来跟我打招呼，问候我的状态。我会说，'哦，还好，谢谢'，然后依然故我。然而，作为高级领导，那种言行所传达的信息远远超出你的本意。那对我而言，我只是当时脑袋里正在想些别的事情。但是我得到的反馈是，公司里的人有时会从我的举止中解读出我意想不到的信息，而这也许并不是我想传达的信息。

"所以我开始学会在别人问候我时做出更多的互动。我会沟通得更加明确可信，因为我真的认为人们在交流时需要如此。人们再次问起我的状态时，我会说，'我很好，这是因为……'而且，我会告诉人们公司里的事情为什么会如此顺利。如果出现业绩下滑或是某些我们未曾预计到的状况，我也会明确地指出我们所面临的挑战以及应对方式。那些想法其实一直都在我的脑子里，但我已经学会要将它们更多地说出来，这样人们就不用再去猜测我的感受或想法。人们会去猜测公司的发展状况，他们工作的保障状况，他们是否应该接受其他公司招聘人员发来的邀请，你的反馈对于他们而言影响重大。你自然不想你的精英团队去花心思考量你对他们是否满意，你是否责怪他们，或者担心公司的业绩下滑以至于他们要到其他地方谋生路，而这一切可能都只是因为你没有花时间去进行有效的沟通，没有向他们表露你心中的真实想法。所以，我想自己已经学会了一种充分交流的沟通方式，而这是我以前从没有做过的。"

达登餐厅公司的CEO克拉伦斯·小奥蒂斯说，当他意识到人们对于首席执行官的密切关注后，在工作中就会更加注意自己的措辞。

他说："要我说，管理岗位会放大你的一言一行。任何一个高级管理岗位都会出现这种情况。对于首席执行官岗位而言，尤其如此。所以，你得注意自己的一言一行。如果你不注意，某些你自言自语的东西，某些脑中一闪而过的想法，某些'如果这样……'的提议都可能变成一条命令，尽管那些东西在你大脑里只停留了10秒钟，但你的言行已经将它扩散出去了。"

许多CEO都表示他们已经意识到了在公司里保持言谈举止一致的重要性，因为那样就可以避免让员工们感到困惑或者让他们浪费精力去分析领导传达的信号。

韦莱集团控股公司的CEO约瑟夫·普卢梅里说："我非常理解对于某些要做决定的人来说，他们不能展现出自己状态差的一面。比如，我就不能展现自己状态不好的一面。如果我走进会议室时，表现得脾气暴躁，那可不是好事。如果你选择了某些职业，也就意味着你时刻要保持最佳状态。比如我的家庭医生也不能状态不好。并且，我认为任何一个身处领导岗位而被员工所依靠的人，都必须认识到，你不能状态不佳，哪怕一天都不行，因为你的行为会影响一大批人。"

杰弗里·斯沃茨（Jeffrey Swartz）作为自己家族企业天伯伦（Timberland）的CEO，讲到自己是从父亲管理员工的方式中学到了保持一致性这一重要经验的。

"当我还是个小孩时，第一次去给父亲打工，他就对我说，'没有人在乎那些。'我好奇地问，'你是指什么呢？'他说，'如果你昨晚过得不好，那是你自己的问题。你得保持最佳状态。'我一直记得他说的这句话：'保持最佳状态。如果你想当个严肃的人，那就保持严肃，但你必须一直以严肃面孔示人。因为如果你某一天是严肃的，改天又笑脸迎人，人们就会感到困惑。人们就搞不清哪个才是真实的你，那可不是个好兆头'。"

慈善组织"城市丰收"的执行董事吉莉·斯蒂芬斯说，自己会对员工敞开心扉，这样他们就不用总是琢磨她在想什么。

她说："与你的下属清晰地沟通是十分重要的，你要尽可能坦诚地展现自己最真实的一面，让他们了解你的某些情况，理解你的某些举动，以及你喜欢的做事方式。我记得自己在职业生涯之初就意识到了这一点，那时我不得不静下来，好好思考我需要让别人了解我的哪些方面。我甚至会对别人说，已经有人说过我常常看起来满脸怒气，但我通常不是在生气，那只是长相的缘故，所以不要因为这个阻碍我们的交流。再强调一遍，要向你的下属十分明确地指出你的期望。"

* * *

哈佛大学校长德鲁·吉尔平·福斯特（Drew Gilpin Faust）坦言

令她感到很诧异的一件事是，人们都以为她手中的权力和掌握的知识超级多，而实际上并没有那么多。

她说："我发现人们会把所有的事情都推给领导。有时，人们以为领导有着巨大的权力，还设想着领导会具备很多超乎常人的能力，有着比自己更多的手段和工具，实际上领导们并没有那么神奇。人们的另一种误解就是，以为领导有着各种各样的想法或目的，这些想法或目的可能是他们自己有的，也可能是他们自己没有的。所以于我而言，交流从工作开展之初就是十分重要的，这样可以避免人们对领导产生那些不切实际的隐秘猜测，以及其他可能的误解。

"我记得曾经有些院系的同事告诉我，有人传言说我要招聘自己教过的某某学生，其言之凿凿，不容置疑。然而，我从没想过要招聘他们说的那个人。我很好奇我做了什么事情，让他们那么深信不疑地以为我会有那个想法，而我自己却根本未曾有过。"

听这些CEO们讲述他们的生活，感觉他们就像是电影明星一样，走在大街上很难不被人围上来。在曼哈顿这样的大都市里也许未必如此，因为在那里即使是名人也很容易淹没在人群里。但是在小一些的城市或乡镇里，每个人都认识你，人们的关注会让你筋疲力尽。

美国家庭人寿保险公司（Aflac）的CEO丹·阿莫斯（Dan Amos）给我们分享了他在佐治亚州哥伦布市（他们公司的总部所在地）的工作和生活经历。他说自己不得不向因CEO名号招来的一些现实情况妥协，无论情况好坏与否。

他说："你必须谨小慎微，否则你可能会被认为是一个冷漠的人。但令我唏嘘不已的是，无论你走到哪里，人们总想从你那里索取些东西。'我的女儿需要一份工作。我的儿子需要一个顾问合同。'无论具体内容是什么，这些事每时每刻都会发生，而你不得不去解决它们。否则，你就多多少少会被孤立起来，这是可能铸成的最大错误。无论怎样，你必须接受这种现状。有一天，我去杂货店买些东西，收银员将账单递给我时说了一句，'谢谢你，阿莫斯先生'。这时，结账队伍中与我隔了四个人的一位女士尖叫道，'阿莫斯先生？你就是那个美国家庭人寿保险公司的阿莫斯？'她跑到我面前，我回应道，'是的，女士，我就是你说的那个人。'接着她说，'前几天，我的丈夫被您的公司解雇了。您觉得这事做得对吗？'我说，'女士，我并不知道这件事，但我回去会调查的。'事后据我了解，她的丈夫在公司里与另一个人打架，因此被解雇了。你会想说，'我不会再去那家杂货店了。'无论你去哪里，总有人在看着你，或者对你有些耳闻，其实这都没什么。不要误解我的意思，当然也有些人不会想从你那里索取什么。我也有朋友和同事，他们从来不会向我提要求。但大多数情况下还是跟上面描述的类似，又刚好涉及原则性问题。你必须自我调节，不得不去适应那种状况；你只想表示出友好，绝不会想大发牢骚。你不会想说这样的话：'女士，你要知道我来这里是买东西的。' 即使你可能想这样做，也万万不能这样做，因为你就是公司的形象代表。每个员工都是公司的形象。如果我那样做了，他们可能就会对我们公司有不同以往的看法，而我的工作就是维护公司的形象。"

* * *

当南希·麦肯斯基成为威科集团（荷兰的一家信息服务提供商）的CEO时，面对首席执行官所承受的密切注视，她感到了些许惊奇。这其中的惊奇之一给她上了重要的一课，那就是如何借助员工们的关注向其传达CEO营造的企业文化方面的重要信息。

首先，讲讲令人沮丧的一面。"你做的每件事都会被评价，"她这样说道，"我记得当时在召开我们公司的战略会议，而荷兰的报社却在稿件中强调我穿了一件与荷兰皇家航空乘务员的制服同色系的套装，而我穿衣服时根本未曾考虑这些。我记得自己想的是，'我们是来谈业务的发展规划的，他们最关心的应该是这个。'"

但这种"关注"也有好的一面，这种关注也可以有意无意地向员工传达一个正面信息。

她说："人们会关注一些小事情。我有两个孩子，外派工作的福利之一就是他们每年可以有两次机会公费报销飞回美国，而且他们可以乘坐商务舱。我对订票的人说，'不用，他们乘坐经济舱就行。'我记得有个人力资源部的人找到我说，'你让你的孩子坐经济舱，你能这样做大家都很钦佩。'我就问，'咦，他们怎么知道的？'她说是财务部的出纳传开的。我想人们对CEO的印象是生活奢侈，而我说，'没什么，他们乘坐经济舱是理所应当的'。尽管我那样说，公司里的人还是会常常跟我提起此事，可见其影响深远。这样，你就意识到他们真正想说的是，'你是我们中的一员，而且你会像要求我们一样做出同样的牺牲，我们喜欢这一点。'最后，这种效果才是真正对我有意义的。"

也有其他惊喜在等着这些老板。

百胜集团的CEO戴维·诺瓦克说:"人们将CEO置于那样崇高的地位,而且只要CEO足够友好亲切,他甚至能获得让自己受之有愧的支持认可。我可能永远无法完全理解这一点,但事实就是如此。如果你能像员工希望的那样对待他们,那么就能得到高度的赞赏和支持。"

/ 第八章 /

时间管理

在时间管理方面,很少有人会比CEO面临更大的挑战。毕竟,正如职位所指,他们最终要对每件事负责,并且等待他们去满足的需求似乎无穷无尽:既有董事会的,也有员工们的;既有客户的,也有管理委员会的。如此种种,不胜枚举。

如何处理好所有这些事情?

有一个必然可行的答案就是少睡觉。只要晚上睡眠不超过5小时,任何一个管理者每周都可以多出一天的工作时间,这是巨大的优势。

有不少CEO都表示他们只需很少的休息时间。

梦工厂动画公司(DreamWorks Animation)的CEO杰弗里·卡森伯格(Jeffrey Katzenberg)说,从少年时代开始,他每晚所需的睡眠时间不超过5小时。他说这是他的三大核心优势之一,而这些优势都是先天遗传的。(另外两个优势是他可以想睡就睡,无论身处何地都能很快入睡,还有就是不会受到时差的影响。)

他说:"对于地球上99.999%的人而言,他们一周只有7天。而我的一周能有8天，每一周都比别人多一天，这是巨大的优势。"

但即使对于那些只需很少睡眠的人来说，时间管理的挑战依然存在，他们还是要面对堆积如山的工作任务，思考如何解决所有的事情。

许多CEO都发展出一套自己的事项优先级排序体系，既是为了他们自身，也为了他们的组织，这种体系对每一个想在工作中变得更加高效的人都是有所裨益的。时间管理是一项越来越重要的能力，这是因为每份工作的任务量都呈增长态势，而电子邮件的处理让人不断分心，吱吱作响的手机铃声也让人很难专心做事。全球化的业务往来常常需要在清晨或深夜召开电话会议。客户希望立即得到回复，根本不在乎现在是几点。多任务处理让人很容易陷入手忙脚乱之中。

那么，他们的建议是什么呢？

百胜集团的戴维·诺瓦克认为，检查个人时间支配是否高效的一个方式就是，扪心自问你现在做的事情是"行动"还是"活动"。

"很多时候你容易超出例行公事的范围，比如做一份给所有人看的报表，"诺瓦克解释道，"但当你真正跳出来审视这件事的时候，会发现它更应该属于一项活动，而非行动。我的经验就是确保自己将时间花在推动结果的行动事项上。我会尽可能地让我的日程表上排满那些真正能够向前推进的事项，而不是那些可能让我自身感觉良好的活动。以往的工作经历能教会你一项能力，那就是更多的流程和纪律应该围绕真正关乎你业务发展的事项开展。你最好把心思多花在如何处理那些真正重要的事项上。"

"以我们每个人都会遇到的事情为例。每个人都有智能手机，每个人都有电子邮箱，当你把邮箱里的所有邮件都处理完时，的确会让你感觉心情舒畅，但实际上你并没有真正地将工作推进多少。所以，这个活动——你能够将所有收到的电子邮件处理掉——可能让你心情舒畅，但它真的让工作有所推进了吗？可能并非如此。这只是一个简单的例子。我记得有这样一件事：每周一所有员工都会对上周的市场业绩情况做一个回顾，每个区域的市场人员逐一汇报。当时，公司的总体业绩表现并不好，而人们只是在报告公司的当下状况，并没有去思考该采取哪些行动来提振业绩。我认为领导层的工作重心就应该围绕那些能够提升公司业绩的行动开展。作为一个领导，你必须考虑的事情之一就是确保你不能只是在做事。对于我所需要知道的报告内容，我有着十分细致的区分。有些事让我知道自然很好，但我真的有必要知道它吗？那些'知道就好'的信息代表着具体的活动。那些'需要知道'的信息才能带来具体的行动。"

美国大陆航空公司的CEO劳伦斯·凯尔纳说他通过反复评估自己的最优先事项来提升自己的时间管理能力。当他学会怎样管理自己的时间之后，就将这套时间管理体系推广到全公司，以期帮助大家建立事项的优先顺序意识。

凯尔纳说："我曾经有一个长长的任务清单，而我也总是借助它来管理自己的生活和时间。每天结束的时候，我都会审视一遍，看看哪些做完了，就把它们勾掉。然后又来了五件事，当我完成一天的工作后，就把它们添加到清单上。在某一时刻，我猛然意识到自己把大部分时间都花在应对抛给我的事情上，并没有花时间在处理真正重要的事情。所以，当我再次走进办公室时，我会问自己'今天需要我做的最重要的三件事是什么？'然后，我将它们按1-2-3先后排序。如果排在首位的工作需要12小时完成，那么我会把全天的时间都花在上面。我需要决定的就是什么事情是最能带来价值的，是我要放到任务清单上的。"

"随着我在管理层的职位不断提升，我的日程表开始变得有些凌乱。于是我坐下来对自己说，'我只有250个工作日，'我只是举例说明，这个数字并不确切。'有多少时间是我可以花在华尔街的？有多少时间是我可以用在华盛顿的？又有多少时间是我可以用来与销售团队沟通的？'随后，我找到每个部门的主管，给他们一个我的时间预算，并告诉他们，'你有多少时间，这就是我给你的时间预算。只要我有空，你就可以使用这些时间，但不能超出总预算。'"

"最后一点，当我成为CEO，在每个月最重要的三次会议结束时，我都会说，'这就是我们目前正在做的最重要的三件事，也是优先级别最高的三件事。'我很早的时候就发现，只要我将一件事放到这个任务清单上，我能用来完成这件事的资源还是相当多的，因为没有哪个下属愿意自己的工作被列在这首要的三件事之中。但与此同时，我必须十分谨慎地选择，只挑选那些能够带来最大价值的事项加入其中。"

网络游戏公司Zygna的CEO马克·平克斯采取了一套名为OKRs——代表着目标（objectives）和主要结果（key results）——的系统来管理自己的时间。像凯尔纳一样，他后来也将自己的时间管理体系推广到整个公司。

他说："风投资本家约翰·多尔（John Doerr）向我兜售了OKRs这套体系。它发端于英特尔公司，在谷歌公司也被广泛应用。这套体系指出整个公司以及每个团队都有一个目标和三个可衡量的主要结果，如果你完成了三个主要结果中的两个，你就达成了总体目标，如果你完成了全部的三个主要结果，你就彻底拿下了这个目标。我们在全公司推行这套体系理念，所以每个员工都知道他们各自的OKRs。这是一个简单而又行之有效的管理原则，可以让人们集中精神处理真正重要的三件事——而不是十件事。

"我要求每个员工在星期天晚上或星期一早上写下他们本周最重要的三个事项，然后在周五的时候检查自己的完成情况，这是唯一可以让人们保持专注而又不会筋疲力尽的方式。如果我看到你的工作规划中，给你自己和团队列出了十个优先事项，那么你可能不知道哪三个是最重要的，或者这十个都不是重要的。

"我可以查看每个人的清单，而他们的计划表上可以显示出每个待办事项以及预期结果和实际结果。如果任务未完成则用红色标识，任务中止用黄色标识，完成了就用绿色标识。我认为在管理个人生活方面，计划表是一个很棒的工具。它能让每个人都保持专注，让我知道事情是否步入正轨。"

福特汽车公司的艾伦·穆拉利说，自己管理时间的方式是关注工作的四个主要方面，然后让自己的日程安排向那些优先事项靠拢。

穆拉利说："我会关心每件事，但是有些事是作为领导的职责所在。我不得不把这些事做好。其中之一就是将我们正在做的事情与外界保持沟通联系。我的意思是，我们现在的业务着重向消费者提供世界上最好的轿车和卡车，那么现在世界的发展趋势是怎样的？技术的发展趋势又是怎样的？消费者想要什么？竞争的重心在哪里？

"我的第二个关注点是：我们当前的业务是什么状态？我们将来应该把重心放在什么上面？哪些领域会成为我们的业务模块？我们要不要建立广泛的汽车品牌体系？我们要不要聚焦于这个蓝色椭圆的福特车商标？在质量、价格和油耗上我们是否具备足够的竞争力？我们是否能成为这个行业里的领头羊？我们企业的价值定位在哪里？

"第三件我真正关心的事情是平衡短期目标和长期目标——尤其是在当今的大环境下，虽然在短期目标上的投资较少，还能让你的业绩更好看，但我们还是想尽可能投资于关乎未来的长期目标。那么，我们是否能做出一个方案——既可以在短期内产生回报，又能为将来创造价值？

"最后，我关心的是公司的价值观和标准。我们期望看到员工有怎样的表现？我们要怎样对待彼此？我们要怎样开展工作？在管理透明度上我们想做到什么程度？我们如何营造一个安全的工作环境，让员工们清楚地知道公司的动向？

"我就是那个必须关注这四件事的人，因为只有我这样做了，整个团队才能在这四个方面达成共识和理解。我会盯着这四个优先事项，并且每周我都会重新审视一遍，然后做出判断——这件事需要我做吗？我们最重要的资产就是时间，因为我们将时间花在哪里，哪里就会产生结果。"

在与CEO们就时间管理展开讨论的过程中得到最多响应的观点之一就是，即使事务缠身，人们也应该抽出时间——每天、每周或每个季度都需要——研究一下自己的时间支配情况，仔细评估并分析一下自身的时间利用状况。

"为美国而教"的创始人温迪·科普说，每天只需抽出10分钟反思时间利用情况就能带来巨大的改变。

她说："我在时间管理上最为有效的行动就是，每周抽出一个小时的时间反思自己的个人战略规划——下一步我该将自己的重心放在哪里？另外，每天我还会抽出10分钟的时间思考这个问题，'嗯，基于本周的优先事项，明天我该怎么安排呢？'如果不花时间思考这些问题，我都不知道自己该做些什么。我已经离不开这套体系了，因为当今世界变化的速度越来越快，你必须考虑如何主动地推进事务，而不是处于被动响应的状态。"

吉尔特集团的苏珊·莱恩也会专门留出时间让自己抽身思考一下，在为企业制定发展方向时，她最优先做的事情应该是什么。

她说："我的方法就是确保自己每周都拿出一段特定的时间从具体事务中摆脱出来，从全局的角度思考。一开始，我总是着眼于下一周、下个月要做的事情，却很少会拿出时间真正地去思考我们的目标是什么。从很多层面上来说，这种思考都很有用处，不仅能让你明确长期的关注点是什么，也能迫使你重新评估下所有的短期决策。为了做好这件事，我需要独处的时间，绝对的独处时间。通常是早上6点到8点，或者周末的午后。我不会在办公室里去做这件事，一般是在我公寓的书房里。我经常会把一堆文件摊放在面前的大桌子上，以便在需要它们的时候能及时翻阅。但大多数情况下，只需要一个笔记本和一支笔就足够了。"

软件和IT服务公司胜科金仕达的克里斯托瓦尔·康德说他会把思考的时间编入自己的日程表里。

他说："我告诉秘书,'每天我都需要一个半小时,让自己可以找一个没有电脑和手机(除非我要用这段时间写东西)打扰的地方待着'。但那段时间不是用来处理邮件或类似事情的,我需要一个半小时来思考。思考的内容可以是任何事。许多时候你需要全神贯注。总之,我发现留出一些时间做这件事是很有用的。然后,秘书会根据当天的日程安排给我灵活调整这个时间空档。有时时间会缩短,有时被某些事情打断,但我意识到许多事情或问题只能在这种不被打扰的情境下解决。我十分担心我们公司的新人,他们被各种手机消息以及其他事情轮番轰炸,从没有时间静静地思考。他们只觉得自己必须快速响应。"

远离所有这些电子产品的一种方式就是去那些它们不仅不能发挥作用甚至还被禁止使用的地方——35000英尺高空的飞机里(最理想的状态自然是乘坐公司的公务机,这样才能真正获得安静独处的时间)。虽然CEO们的飞行日程让人很是疲惫,但他们也承认,飞机上的时间是安静独立思考的绝佳机会。

施乐公司的前任CEO安妮·马尔卡希说:"虽然大多数和我职位相当的人都会时常抱怨飞行旅程的煎熬,但飞机上的时间对于我们开展自己的工作又十分重要。那是一段可以反思的时间,那是一段思想追赶行动的时间,那是一段真正可以深入思考并做交流的时间。所以,每当我下飞机时,总是感觉自己完成了一大堆的工作。从时间管理角度来看,那段时间十分重要。"

许多CEO都会挤出一段时间,让自己远离琐碎事情的打扰。糖果生活网的年轻CEO丹尼·利维就自己的午餐时间安排做出了说明。

她说:"每时每刻都会有事情拖着你,而你需要一段空窗期,一段离线时间。自从不再反复查看电子邮件以后,我感觉自己的状态变好了,因为我觉得那样做的每件事都只是被动地响应,就像是我们只为了清空邮箱而做事。从创造性角度出发,那种做事方式让我没有时间去构思任何新的想法,因为我要不停地应对邮件内容。

"我是一个跑步爱好者,我觉得自己在跑步时更容易接近冥想的状态,这种状态让我很着迷。办公室里的人基本都知道,午餐时间我通常是在跑步机上度过的。我经常在跑步机上制定工作安排,对我而言,那就是很好的放空时间。我把自己家里的办公区域涂成白色,并保持简洁,我的卧室是我专门设定的无电子媒体空间,在某些时刻,你只需将一切关闭。"

职业教育公司的加里·麦卡洛会在每周的工作日结束之后关掉自己的黑莓手机,公司里的其他人也会这样做。

他说:"我的生活离不开手机,大多数人也是如此。但是,我努力做到在周五晚上关掉它,直到周日早上再开机。我这样做有几个原因。其一,你必须划分好工作日和休息日。如果有什么紧急事情发生,任何一个需要我的人,无论是董事会成员还是我的某个领导,他们都知道如何找到我。我关掉它的另一个原因是,如果事情来了,我做出了反应,那么公司里的其他人在看到我周六早上8点发出的消息后也会做出响应,下一件事就是我得在8点15分时对他们发出的消息做出反馈,你来我往陷入死循环。所以,我希望人们能有自己的生活。"

回到办公室里,麦卡洛为确保自己参与的一对一会议能够直击问题核心,也有一个有趣的策略:每当有公司里的人到他办公室请求会面时，他的助理都会要求来人先解释事由和所需的时间。即使助理认为麦卡洛应该参加这个会议，也只会拨给他们所需时间的一半。

"如果我们沟通时言简意赅，围绕重点，那么开会所需的时间远没有人们以为他们需要的那么多，"麦卡洛说道，"因此，这样做就能让我有时间处理更多事情，而且能让人们更加高效地进出我的办公室。如果每个会议我都要参加，如果我按照人们的要求支配时间，那么我基本就没有什么睡眠时间了，我得在办公室里洗漱、换衣服，还得不停地开会。而一天根本没有那么多的时间。"

/ 第九章 /

香蕉、铃铛及开会的艺术

每个人都曾身陷糟糕的会议。事实上，有些人会发现，自己每天都在糟糕的会议中无法脱身。

我们都曾在这样的会议中饱受煎熬，坐立不安，做着白日梦，一边看手表，一边纠结什么时候能结束。会议目标不甚明确，个别人士谈论的话题与会议室里的大多数人毫不相干。有些人爱长篇大论。还有的人爱在老板面前极力表现。有些人为了显示自己更聪明，批判其他所有人的观点，却没有任何实质性的贡献。有时候，你甚至不清楚开会的缘由——除了每周或每月的例行会议之外。参会的人都在看手机，会议结束时几乎或完全没有得出任何结论。你走出会议室，自言自语道："唉，真是浪费时间。"

针对会议痼疾，有一些明确的解决办法。比如，制定清晰的议事日程并遵循时间安排，肯定会有所助益。

许多CEO也开发了一套行之有效的工具和技巧，这些工具和技巧不仅能提升会议质量，还能应付某些棘手情况和紧张时刻。

每次会议的目的都是要与会人员充分参与，并制定出关于行为期望的清晰准则，这样在行为越界的时候，人们自己就会知道。不幸的是，如今会议的名声不太好。人们需要找到提高会议效率的办法。如果你能激发点滴灵感，汇聚集体智慧，让各种理念畅通无阻地传播，成果将是显著的。如果把会议看作一项运动——假设你的竞争者与你在同一时间段开会——这将有助于参会人员集中精力想办法在共处的这段时间里争取最大产出。会议的关键是要取得进展，这是可以衡量的。

为了不浪费时间，胜科金仕达的克里斯托瓦尔·康德提出了一条利于聚焦会议进程的简单规则："从会议开始到结束，与会人员都要带着这样一个问题，'我们的会议是否为公司增加了价值？'"

针对如何提高开会效率的问题，本章将收录多位CEO的经验心得，供读者参阅。

开会的目的是什么

如果从一开始就弄清会议的要点，那么与会人员的参与度就会更高。而会议主持人要做的是向所有人明确要点，把控正确的讨论方向。会议目标是什么？该出席的人是否都已到场？

"在会议开始之际，我会重点强调：这是在会议结束前，我们要达成的事项，"企业图书馆公司的联合创始人内尔·米诺说，"除了要达成会议目标外，与会人员都有自己的议程安排，因此你必须把大家的注意力拉回到会议目标上。与我共事的人都知道，我不喜欢开会，所以他们会尽力推动会议进程。"

埃森哲的威廉·格林制定了几条有用的规则，让公司的领导层在开会时能聚焦重点。

"第一，会议的一半时间应关注外界，而不是公司内部，"他说，"太多的领导层会议把全部注意力都放在内部事务上。我一直都坚持把会议的一半时间用于关注外部——我们的市场占有率、客户、服务以及我们正在做的事上。事实上，我们的会议始终围绕着这些议题。第二，在开会当天，我们都会提出行动措施，并确定这些措施的负责人，因为有太多的会议是在浪费时间，这真的很可怕。我们想完成什么事？需要采取什么行动？由谁负责？讨论结束后，如何公开地将任务交到负责人手里？为了使会议更加高效，要走的路还很长。"

奎斯特通讯公司的首席运营官特里萨·泰勒表示，有些时候，特别是和一群不直接向她汇报的同事开会，在会议开始之际，她会沿着会议桌走一圈，让每个人都说说自己为什么会来开会。

"好多人都说，'不，我不知道，我是被请来的，'"她说，"这通常都是一些比较大型的会议，很多与会人员并不属于我的直属团队。我受邀参加过许多会议，有人想给我做简报，或对我谈及某事的最新进展，这通常意味着他们想向我介绍他们的项目，然后问我要钱。所以我开场就问，'所有人都知道自己为什么在这儿吗？我们要做决策吗？会议结束时，你会问我要什么吗？'我设法立刻弄清这些问题。让人吃惊的是，会议室里可能有八个人，但每个人的回答都不同。这让我能确认所有人是否想法一致。如果一致，那很好；如果有分歧，你也能很快解决。一旦清楚要做什么，我还会问：'所有人都需要在这儿吗？如果有人想马上离开，没问题。'时不时就会有几个人说：'嗯，我还有其他事要做，'然后起身离开。"

电子游戏开发者威尔·莱特说，他甚至鼓励与会人员，如果觉得会议没有很好地利用时间，就在开会时大胆地说出来。原本可能让人感到尴尬的一刻，现在反而成了一个信号，让会议得以聚焦重点。

"我们会邀请其中一位艺术总监欧辛·奎格利来参加创新会议，"莱特说，"当讨论的事情偏题或与他不相干时，他就会十分不耐烦，我觉得欧辛就像是煤矿中的金丝雀，是一个预警。每当会议脱离正轨时，欧辛常常会举手说道，'哦，这个会还需要我吗？'然后他就会试图离开会场。那一刻我们就知道，会议的效果正在逐渐减弱，因为我们的金丝雀举手了。我们更多地是想把这一理念传达给团队的每个人。这几乎更像是，你想鼓励每个人都成为会议室里的监督者。'嘿，我们是不是在浪费时间？'我们试图给出明确的反馈：'哦，是的，如你所知，我们在浪费时间。你们五个人可以离开了。'关键是不能使之成为一种禁忌。这纯粹是一个成本收益问题，对吧？并非针对个人。"

谁应该参加会议？威尔·莱特鼓励与会人员，如果觉得自己没什么可补充的话可以自行离开。不过其他CEO对此有不同意见。康泰纳零售连锁店（The Container Store）的CEO基普·廷德尔（Kip Tindell）说，他公司的主管们经常开会，时不时还会让更多的人加入讨论，以获取他们的观点，即使不能立刻明确他们能做出什么贡献。

"我们热衷于'全脑思维'这一概念，就是为了消除单一性，"他说，"所以每次开会的人数可能会比我们需要的多，这并不是在做无用功。事实上，我们认为这是创造了一种全脑思维的意识。通过这种方式，我们取得了大量的创新。我们对会议抱有坚定的信念，会议气氛热烈，时间长，频率高。没完没了的会议让人厌倦，我知道人人都有过这样的感受，但是说真的，我们开会的次数比我能想到的其他企业都要多。这种沟通文化对我们来说是非常好的。此外，我们的高管中85%是女性。我并不是想要一概而论，但猜猜谁的沟通能力最好？所以我认为，相比男性高管占比85%的公司，以我们公司现在的情况，进行更多的团队交流是很正常的。"

清晰的规则

人们喜欢为会议制定规则，如果这些规则能完全得到执行，就更加强了他们对规则的钟爱。这能使所有人不脱离正轨。激烈的辩论什么时候变了味，成了人身攻击？如果你想鼓励一定程度的坦率交流，如何保证会议中的言论不外传？

达美航空公司（Delta Air Lines）的CEO理查德·安德森（Richard Anderson）用铃铛来化解可能产生的紧张气氛。"让我们来一场高质量的辩论，但只对事不对人，"他说，"如果辩论变了味，针对个人的话，会议室里有一个铃铛，你可以摇响它。如果你正在进行一场十分激烈的辩论，有人突然偏离话题，用不公平的方式针对你，你就可以摇铃。对方的行为违背了会议规则。你摇铃就意味着出现了违规情况，于是大家都笑了。"

许多CEO在描述开会时会运用各式各样的比喻。"我们开会有点像食物争夺战，"CCMP资本公司的CEO格雷格·布伦尼曼说，"每个人都有自己的主意或想法，而那个最棒的主意会胜出。所以完全不会有很多形式上的礼节和仪式，只是一场随意、流畅的交流。"

还有将开会比喻成棒球运动的："信息的传播流畅、快速，"安进公司（Amgen）的CEO凯文·沙雷尔（Kevin Sharer）说，"就像在棒球比赛的内场——球沿着内场迅速移动，而队伍能跟上。我认为，是否简明、高效可以体现出准备的充分性和对事实的掌握程度。"

如果产生分歧，就直接在会议上解决，许多CEO都坚持这一点——以免出现事后揣测的情况。

"那些有点儿太过客气的人，说实话，挺让人不快的，"卡尔弗特集团的巴巴拉·克鲁姆西克说，"我们言辞礼貌，但直截了当。我不喜欢会议结束后，我的下属离开会议室，转身对别人说，'你敢相信某某居然说了那样的话吗？'所以我会举例向他们说明，如果你发现自己在离开会场后有如此举动，或摇头，或怪自己有话没说，又或者觉得某人说的话有很大问题，下一回你得当场说出来。必须这么做，否则在这个团队中你就没有影响力。"

Prescription Solutions公司的CEO杰奎琳·克斯科夫（Jacqueline Kosecoff）提出了类似的规则。"沉默即认可，"她说，"如果你不在会上畅所欲言，就不要等到会后才过来说，'我讨厌那样做，我不希望它发生。'到会议上说，让大家听到你的想法，然后做出决策。"

即使是那些擅长开会的企业，也会陷入会议僵局。找到一个方便的——最重要的是，可以始终如一的——方式来示意团队，应该加快速度，推动会议进程，这是十分有用的。

施乐公司前CEO安妮·马尔卡希有一个独特的方式，用来表明会议的进展对她而言太慢了。

"我不讲礼节,也没有耐心,"她说,"我想我的团队大概会说,当她开始敲打钢笔,并不停抖腿时,说明是时候进入下一阶段了。我不擅长开冗长的会议,因此我会直奔重点。我不想浪费时间。我希望讨论真正需要讨论的事,并且把它放到会议桌上讨论。所以我会把会议氛围设定为随意,虽然这是工作会议,但你可以卷起袖子;同时也是无须忍耐的,因为高层团队对于无须决策或无意义的事项没有太多耐心。敲打钢笔——毫无疑问,当这一举动出现时,你就知道事情发展不太顺利了。"

Drugstore.com网站的道恩·莱伯雷在开会时会使用一种简称,以区分她刚才说的话是集体讨论中一闪而过的想法还是命令。

"我们开会的时候会开个小小的玩笑,我会说灯泡或者枪,"她说,"灯泡意味着这只是我的一个想法,你可以考虑一下,看看合不合适,执不执行都可以,这只是一个提议。枪则说明,我要你做这件事。因为参与开会的员工不是每次都能领悟到,你提出的是一个建议,还是需要他们做的事。"

Care.com网站的CEO希拉·利里奥·马塞洛(Sheila Lirio Marcelo)用简称来向员工说明要开的是什么样的会议,简称代表了三种不同的决策类型。

"我们有三种决策:类型一、类型二、类型三,"她说,"类型一指决策者独自做出的决定具有独断性。类型二,与会人员提供意见,依旧由决策人做决定。类型三,需要大家达成共识。这是一个很棒的方式,能有效解决问题。"

人人参与

开会很容易陷入两人谈话、其他人围观的境地。或者遇到这样一个熟悉的场景,大家都在等着CEO对所有事情做出回应。如何消除这类现象?

Prescription Solutions公司的杰奎琳·克斯科夫说,她通常不主持会议,而是由他人代劳。

"每周五,高管团队都会用一个半小时进行运营情况检查,我们有一张待办事项清单,我们会对照清单逐一检查是否完成,但我从来不主持会议,"她说。"每次会议由高管们轮流主持——按姓名首字母顺序轮换,在会上我们会检查清单事项。首先,这能教会他们如何主持会议。同时也传达出一个信息,即这个会不是为我,而是为我们而开。据我观察,在许多经管会议上,每个人都只跟CEO交流,而不跟其他人交流。这也教导我们要有良好的会议礼节。我认为,人们在会议上的表现会越来越有礼貌,因为总有一天,他们要主持会议。"

通用汽车公司(General Motors)分管国际业务、市场销售业务的副总裁苏珊·多彻蒂(Susan Docherty)说,她热衷于使用大白板来让每个人都参与到会议中。

"我喜欢在办公室和我的团队围着桌子进行头脑风暴,"她说,"我喜欢用一个大白板来展示想法,因为当这些想法以可见的形式展示时,就会促使你的团队成员起身来到白板前,写下他们的意见。开会不只你在开,其他所有人都要参与其中。当团队成员来到我的办公室,他们会感到自己是受欢迎的。办公室的门随时敞开,他们可以带着想法过来。大家开始明白,作为领导,我希望能够众人协作。我无法解决所有问题,我的提议也不都是最好的,我也不希望如此。

"白板可以将出色的想法直接展现在我们眼前,而不是埋没在电子邮件或桌上的一大堆文件里。它还能让所有人知道需要做哪些事。大家用记号笔标出需要深入研究的问题,并在旁边注上自己的名字。很多时候,我们在白板上提出了一个问题,而这个问题需要多人共同解决。"

多赫迪同时也说,她不喜欢在开会时分配座位。

"我每次坐的座位都不同,"她说,"我在这家公司担任过不同的职务,看见过许多领导坐在同一张椅子上,用着同一种思考方式,跟相同的人说话。于是我对自己说,'等我成为领导,有了较大的团队之后,我不要一成不变,而是要当一个充满活力的领导。'而且我认为,打破现状比墨守成规更加有益。"

等待他人解决问题未必有用,有时你必须主动寻求观点。CEO们强调,在没有收到更多的信息前,他们不会发表自己的看法。

"开会时,我会保持克制,"达美航空公司的理查德·安德森说,"我要求大家讨论。我想听到每个人的观点,因此我会询问更多问题,而不是发表见解。"

万事达信用卡公司(MasterCard)的CEO罗伯特·塞兰德(Robert Selander)说,他渐渐学会了鼓励人们在会上讨论。

"说到决策风格,我喜欢能达成共识的决策,"他说,"当我和我们的管理委员会,即公司的高管们坐在一起时,我很容易就做出一个双边决策。在你的领域，你是行家，我对这个领域的了解在团队中也数一数二。只要你我达成一致，那我们就开始着手实施。但我们忽略了在座其他人的智慧、见解和经验，没有从中获益。他们对于这个领域的洞悉和理解也许不如我们，但我们还是有可能有所遗漏。因此我试图围绕话题激发更多的参与和讨论，避免所谓的双边主义。我觉得，有时你的想法确实让人拍案叫绝，非常有价值且能影响决策，但同时你也应该让更多的人参与，如此一来我们才能获得全面的信息，做出的决定也能被所有人接受。而不是说，老板走到角落，挥挥魔杖，嘭，决策就出来了。"

此外，他还学会了保留意见。

"你在公司里的职位越高，话语的权威性也越高，因此你必须有所保留，"他说，"否则，过早提出你的看法和观点，会给谈话施加压力，即使这非你本意。不管你如何措辞，大家多少都会觉得，'好吧，这就是老板想要的，'你就有可能失去你所希望的集体参与。由于我喜欢介入，喜欢掌控，所以坐在一旁，让讨论顺其自然进行，对我来说是一个挑战。如果我们没听见某些同事的看法，就会邀请他们参与进来。'你有什么建议吗？几年前你是不是在这个市场遇到过类似的情况？你们是怎么处理的？'无论如何都要邀请他们加入讨论。所以我有意识地努力提高自己的倾听能力，因为我的同事们告诉我，'你会让事情戛然而止，即使这可能非你所愿。'"

教科书租赁商齐格网（Chegg）的CEO丹·罗森维格（Dan Rosensweig）说，让所有人参与到会议中的最佳办法是关闭手机。

"黑莓手机、苹果手机、推特、脸书、一天五百封电子邮件，这些东西很容易让人分神，"他说，"所以我们的管理团队准时开会，准时结束，关闭手机，就是为了集中注意力，进行一场高质量的谈话。这样大家才能真正做到倾听、贡献意见，推动会议进程。这条规则对你的个人生活也是十分有益的——无论身在何处，都要全情投入。"

保持轻松的气氛

如果会议轻松有趣，而不是艰苦地执行议事日程，人们会更愿意参与其中，也会更专注地倾听别人发言。一些CEO找到了让大家保持心情愉快的方法。

会议开始之前就营造一种轻松的氛围——也可以调动人们的情绪，让大家知道在会议上能学到东西——在线鞋履零售商美捷步网（Zappos）的CEO托尼·谢（Tony Hsieh）有时会绕着会议桌走一圈，让大家分享一件偶然的"趣事"。许多人在开会时都看着笔记本电脑，这时他们很快就会抬起头来。

"我觉得这很有趣，同时也让会议气氛恢复正常。"托尼·谢说。

戈登·M.贝休恩在经营美国大陆航空公司时，也有一个简单的方法能让会议上的每个人用开玩笑的形式表达"我不懂你的意思"或者"我不明白"，又或者"我接受不了这个逻辑"。

就是说出"香蕉"这个词就行了。

他说这个主意源于他的一位前上司，那位上司在一次会议上说了这个词。当时，人们在会上交换各自的想法，试图理清思路，得出符合逻辑的结论。但老板脱口而出："不，这是香蕉。"随后，贝休恩——他承认是为了奉承上司——附和说是"香蕉"。但是,那位上司又纠正他:"今天是星期二。星期二吃不到香蕉。"

对贝休恩而言,"香蕉"这事让他觉得十分荒唐。这是老板的管理方式亮起红灯的信号。

"于是我知道,我不能再在那儿工作了,因为我无法弄清什么是'对的',思考方式也与老板不同,"贝休恩回忆道,"在那个环境里,我永远无法获得成功,因为我理解不了他所推崇的那些思维方式——毫无逻辑性可言。"

但在成为CEO之后,贝休恩将香蕉事件转化成了他的优势。开会时,可能会出现讨论脱离正轨,或大家理解不了某人发言的情况。因此贝休恩告诉会上所有人,如果他们感到困惑,可以随时打断,并说出"香蕉"一词。在那种情况下,没有人会介意,因为大家都知道,这个词源自一段荒唐的经历。

"在说到某人或某事让人无法理解时,这是一个很有趣的表达方式。"贝休恩说。

通过即兴发挥的方式让会议气氛变轻松也是可行的。诀窍就在于最大限度地利用当下环境。洲际酒店集团的安德鲁·科斯莱特讲述了他是如何将一场原本可能沉闷枯燥的会议,变成了一段让他的管理团队感到愉悦的体验。

"当我把这两百人的团队叫到一块儿时,心里正想弄点儿噱头之类的,"他说,"当时我们正好在酒店的一个房间里开会,房间的名字叫亚瑟王宫殿。里面有骑士,有盔甲套装,还有古老的纹章旗帜和橡木墙。我走进房间,说'哦,天啊,'因为房间里光线很暗。然后我就想,何不利用一下这些——骑士……骑士。哦,圆桌骑士。我可以这么称呼我的团队。我即兴发明了这个叫法。有时,一个想法突然产生,仿佛早有预料,这就是领导艺术中的机缘巧合吧。你的即兴发挥能力非常重要。"

/ 第十章 /

巧妙的面试

你肯定听说过标准招聘面试问题。你的优点和缺点是什么？你觉得五年以后能成为一个什么样的人？你以前的领导们如何评价你？

这些问题耳熟能详，大多数人参加求职面试时都能有备而来。（关于缺点问题的答案尽人皆知："我富有热情，全力以赴，导致有时候工作太过投入。"）这种例行公事般的提问很难对岗位候选人做出正确的评价，尤其当那个人说来说去都是些滚瓜烂熟的答案时。

"听了一阵儿之后，那感觉就像是饭店商场里循环播放的音乐，毫无新意。"在听到那些千篇一律的回答后，吉尔特集团的苏珊·莱恩说道。

出于必要性，CEO们研究出一些巧妙的面试策略，以期让求职者摆脱固定套路，而围绕简历亮点来谈。对于能够进入他们办公室的面试候选人，应该已经通过了全面的能力评估，以保证其具备胜任该岗位的专业能力。因此，CEO们需要更多地去推动、刺探、探测以及激励候选人的无形素质——"适应性与合适性"平衡中关于企业文化方面的"适应性"。CEO应设法了解这个人是否与企业文化相匹配，从而为公司做出贡献。他要弄清楚候选人是否具备本书第一部分所讨论的五种品质中的绝大多数，以及其他重要的素质。招聘也是一种直觉行动——有点像约会——一个人举止或性格上的小小细节就暗示了彼此之间相互吸引的程度。和生活中的约会一样，CEO们有自己的价值评判标准，并据此寻找能与团队相辅相成的合适人选。

"你遇见的一些人会让你有一种感觉，仿佛已经相识多年，这种感觉你懂吧？"AdMob公司的奥马尔·哈默伊说，"大多数人不会给你这种感觉，但有些人会，这种人就是我想雇用的。"

要在一次或两次面试中收集信息证明一个人是否适合该岗位以及该公司，难度是很高的。但运用正确的面试策略，CEO们找到了能快速了解一个人真实一面的方法。

开放式问题

大多数人在面试时都希望谈论自己的经历和职业抱负。出人意料的开放式提问能迅速让他们脱离固定套路。

"我喜欢问面试者人生的意义是什么，"在线视频广告商YuMe广告公司的CEO迈克尔·马蒂厄（Michael Mathieu）说，"我还会问，'在临终之际，你希望人们能记住你的哪些方面？''过去三年发生的事情里，哪件对你而言影响最大，真正改变了你的生活？'我喜欢问这些问题，因为即使是准备充分的人也会对此类问题猝不及防。通过这些问题，我可以了解面试者的性格，以及他们处理信息的方式。"

BAE系统公司的琳达·赫德森也采用了开放式提问的方法。"好的，我收到你的简历了，"她对候选人说，"详情我已了解。说说你的人生吧，从哪里开始都行，从最初说起也可，从当下说起也罢，但我要听你说你自己的故事，你做过什么，然后给我讲讲你的职业经历。"

"我发现，在谈及对自己而言十分重要的事情时，人们的讲述方式从很大程度上能让我了解他们的参与度、投入程度、精力水平以及热情程度。这些才是我真正想知道的。我看重候选人能否很好地适应我们公司的环境以及他们的表达能力如何。他们能否进行有效沟通，这一点在我看来极为重要。这更多的是一种主观评估方式。他们是否具备我们需要的人际交往能力？许多人都拥有专业资历，但除此之外，他们是否还拥有某种特质、热情和人际关系，能让自己与众不同？"

卡尔弗特集团的巴巴拉·克鲁姆西克说她很喜欢问一个问题："无论你之前在哪儿工作，你是如何把事情做好的？"

"我想寻找的是贴近客户的人，"她说，"我希望我们的主管或合伙人能明白，对我们公司而言，客户才是真正的最重要的股东，他们在执行每一个决定时都必须考虑会给客户带来什么影响。"

家庭问题

不少CEO说，通过询问面试者关于家庭、朋友和社交关系的问题，他们可以最大程度地了解这个人。

"我希望我提出的问题能促使他们谈一点关于他们家庭的事，兄弟姐妹也好，父母也行，或者谈谈他们住的地方，"Watershed资产管理公司的梅丽德·穆尔说，"我发现，那些与女性有着牢固关系的人——无论这位女性是他们的母亲、姐妹，还是老师——稳定性比较高，在我们企业也能工作得很好。一方面，他们要与我共事；另一方面，他们在质疑他人，以及被我质疑时，能够对事不对人。

"我会问的另一个问题是，他们是否参加过其他人的婚礼。如果有人在自己人生最重要的日子里请他当自己的伴郎，至少这个人觉得他是可靠的。这说明他能够建立并维持一段关系。这个结论不一定准确，但一个能和他人建立牢固关系的人在参加管理层会议或谈判协商时，往往更能在达成圆满结果的同时不失风度。在开始之际，你会想，'我要改善眼下这种局面，但我不必为了自己能够达成想要的结果，就把所有人都干掉。'这些就是一位员工以及合伙人应该具备的良好品质。"

盖茨基金会全球健康项目的总裁山田忠孝说，通过听一个人讲述自己的家庭，能让他在很大程度上了解这个人的思维方式。

"面试形式通常比较随意——人们会说起自己从哪里来，以及他们的家人。"他说，"然后我会试图了解他们如何处理人际关系难题。在我看来，人的智慧更多地体现在复杂的抽象思维中，而没有什么比人际关系更复杂抽象了。如果他们能巧妙地解决人际关系难题，我觉得他们就是非常聪明的人。不会六位数的加减乘除没关系，只要他们能将复杂的问题分解，并找到最佳解决办法。"

达美航空公司的理查德·安德森说，通过听岗位候选人谈论自己的家庭和早期生活经历，他就能了解候选人的无形特质。

"你必须深入探究人的无形特质,因为我们已经遇到过许多例子——候选人虽有完美的履历,却无法在组织中发挥作用,"他说,"所以不只是教育背景、工作经验的问题,而要综合考量候选人的教育背景、工作经验以及个人因素——一个人不仅要有情境意识,还要有适应组织的能力,才能在组织中取得成功。这一系列的无形特质差不多就能让你对候选人形成一个直觉印象。你想了解他们的家庭、成长的地方、父母的职业、就读的高中、业余爱好、兄弟姐妹人数……总之,就是要了解他们整个的生活背景和经历。

"我曾经在一位CEO麾下工作,这一点就是从他身上学到的。这位CEO不会在简历上花费太多时间,而是把大部分时间用于了解候选人的生活、家庭、热衷的事情、喜欢的度假地点,还有他们的孩子上。这能让你真正了解他们是怎样的人。在你醒着的时候,你和办公室同事相处的时间要比家人多,当你把人引进公司这个大家庭时——我们公司有50位高管、70000名员工——你需要确保他们能适应公司文化,并能以合理有效的方式融入这个大家庭。"

"什么事情能让你迸发激情?"

一些CEO表示,他们最喜欢提的问题不过是:"让你最有热情的事情是什么?"

他们未必是指那种张扬的热情。含蓄内敛的热情同样能被他们发现并欣赏。他们只是想知道正在面试的这个人能否对某事感到兴奋——无论是工作,还是工作以外的事——因为这样的人更有可能对公司和工作抱有热情。

"我会让人们谈谈他们做过的让自己感到十分自豪的事，"微软公司的CEO史蒂夫·鲍尔默说，"如果这件事让你感到自豪，那么你应该能回答我提出的任何问题，至少要能满足我的兴趣，让我看到你的热情。内敛的热情也好，高涨的热情也行。但要让我感觉到你是那种能够全情投入某事的人。"

天伯伦公司的杰弗瑞·施瓦茨采用了一些出人意料的策略来探究人们是对自己的工作抱有一定程度的热情并投入其中，还是说他们工作只是为了拿薪水。

"如果我们要从外部招聘一位创意人士，我会提前几天打电话给猎头，让他们告知面试候选人，如果此人经常西装革履，就让他们穿上最喜欢的鞋过来面试，"他说，"如果这个人对鞋很讲究，就让他穿上最喜欢的套装过来。招聘人员就会问，'最喜欢的套装是指什么？'我说，'他们在面试时能让自己觉得自在的服装，比如'这就是对我来说最重要的一套衣服，理由是这样的'，或'这是我最喜欢的一双鞋，原因是这样的'。

"一个对鞋履颇为讲究的人，穿着一套阿玛尼海军蓝西装走进来，我会说：'哇哦，这衣服适合穿出来吗？'他回答，'我是穿着这套西装结婚的，这是我最喜欢的衣服，看上去像结婚礼服，但我时不时就想穿一下。我不会一直穿着，因为我不太喜欢穿正装，但你说要穿上最喜欢的衣服，并做出解释。我的理由就是，我是穿着这套西装结婚的。'我就会想，'我喜欢这个人。'这种提问方式能看出哪些事对你影响很大，哪些事对你而言并不重要。

"我还会询问另一件事，问题因人而异，但我通常会问：'什么事会让你兴奋地呼喊起来？什么事会让你火冒三丈，如鲠在喉，几欲作呕？'我喜欢问的第三个问题主要是针对创意人士，因为他们常常四处旅行，'当你独自一人待在一个城市，晚上你会做些什么？如果我和你一起出去逛逛，我们会做些什么？你会向我展示什么？你想让我看什么？'我不会小看人们的才能，但我也不会深究，因为我甚至不确定自己是否擅长那些领域。但天伯伦是一家需要我全身心投入的公司，所以我必须对候选人是否对时尚潮流或类似的话题感兴趣有个基本的了解。"

追求卓越

梅西百货公司的特里·伦德格林说，他想要的是一种态度，因为这是人们在生活中能够完全掌控的。

"每天早晨你醒来，起床，然后决定，'唔，让我想想，用十分制打分，今天我想达到什么状态？'要知道，这是你能完全掌控的，而许多人没有意识到这一点。他们觉得是某件事的发生导致了他们的状态起起落落，但我们要提醒人们，真正做决定的是他们自己。所以我会问，'用十分制打分，你给自己的心态打几分？'我要他们如实回答，但分数当然越高越好。因为如果他们诚实地说，'呃，我大概在四分，'我就会说，'好吧，抱歉，你得去找能接受这个分数的人。我接受不了。'

"我最喜欢的回答是：'我打十五分。'因为我不介意他们越过我设置的界限。我喜欢人们抱有这样的想法，'每天早上我都会醒来，我选择保持一种积极的态度，不然还不如去做些别的事。我之所以从事现在的工作是因为我喜欢，而且我态度端正，能够积极地完成工作。'"

家庭购物网的明迪·格罗斯曼拿动画片《小熊维尼》打了个比方。她说她喜欢雇用跳跳虎型的人，而不是屹耳驴型的人。

"他们不必声音洪亮，但我需要他们精力充沛，要让我感觉这个人能够激发大家的热情，"格罗斯曼说，"他们对前景是否持乐观态度？他们是否能吸引同样乐观的人？当人们坚信某事正确时，我希望他们能站出来反驳我。我是一个富有激情的人。我需要有人能让我从不同的角度看待事情。所以我会问诸如此类的问题，'请举例说明，你曾经坚信某事正确，并成功改变了事情的发展方向，不管这件事是什么。'这真的很重要，因为你不想听人们说你已经知道的，也不希望他们对你应该知道的事闭口不言。"

求知欲

一些CEO说，他们会询问候选人最近读的几本书。这种方法能了解候选人是否是个积极的学习者。

"在我看来，最最重要的一项品质就是，你有没有求知欲？"Partners+Napier广告公司的沙伦·内皮尔说，"我会尝试从这方面提问，因为如果一个人不想了解事物是如何运行的，而且不怎么阅读，那他就不是一个特别有求知欲的人。而在我们企业，你必须做到这一点。如果我让你负责一个客户，比如说柯达，我需要你去了解怎样制作相册，学习一点摄影技术，并且去了解母亲们是怎样保存回忆的。如果你没有兴趣深入探究，那就说明了许多问题。"

团队智慧

许多CEO表示，他们想寻找懂得团队合作价值，并且知道如何为团队做出贡献的人。当面试者描述在先前的工作中取得的成就时，他们会仔细留意这个人使用"我"而不是"我们"的频率有多高。

"我始终认为，询问他们曾跟哪些人共事是非常有用的，"设计公司IDEO的蒂姆·布朗说，"这个项目是如何运作的？和你共事的都有谁？如果他们很快就给出许多信息，'我负责这个，他负责那个'，从这些蛛丝马迹中，你就能看出他们的协作性。然而，如果回答是，'我做了这个，我还做了那个'，以及'那件事是我负责的'，你就完全不知道他们到底与谁合作过，以及是如何合作的。于是我就会担心，这个人可能不是特别善于协作，也许不擅长推广他人的理念，恐怕无法十分有效地发挥才能。他们也许富有感召力，工作出色，但我期待的是一个更加高效运转的组织，而他们的加入恐怕无法实现这一点。"

CEO们同时也想知道候选人是否能领导一个团队，让身边的人变得更出色。

思科系统公司的约翰·钱伯斯说他喜欢问这样一个问题："由你招聘并培养起来的最优秀的人才有哪些，他们现在在哪儿？"

作为一个富有团队精神的人，作为团队领导，你必须能快速评估人们的优缺点。

HCL科技咨询公司的首席执行官维尼特·纳亚尔（Vineet Nayar）提的问题对岗位候选人来说出乎意料，但却能让他很快了解候选人是否具备迅速对他人做出评价的能力。

"在候选人来见我前，HCL的几名员工已经面试过他们了，我要问的问题就跟这几个人有关，"纳亚尔说，"我问，'假设今天你是他们的老板，你会雇用谁，理由是什么？'这个问题总能让我招到对的人，因为我了解负责面试的那几个人，于是我就能看出面试者对他人优缺点的观察是否敏锐。然后我会问：'那你会雇用我吗？为什么？我的哪句话或哪个问题改变了你的想法？'"

英伟达公司的黄仁勋说他用一个简单的测试就能判断岗位候选人是否具备协作性。

"我会让候选人教我一个东西，"他说，"他们在白板前讲解时，我就开始问诸如此类的问题，'如果那么做会怎么样？'那些乐于集思广益和创新的人就会说，'嗯，挺有意思的。如果我们那么做会怎么样呢？'不喜欢接受批判的人就会说，'那个方法已经试过了，没用。'这样的人就不是很好的合作者。"

应对挑战

CEO们认为，大多数人在工作中都遭遇过艰难的挑战和失败。他们想知道你是怎样处理的，这样就能了解你应对困境的方式。

第二部分　管理之道 / 125

"首先我会问的问题是：'你能否描述一下曾经做过的一个不成功的决定，或经历过的一次失败？'"通用汽车公司的苏珊·多彻蒂说，"我不用知道他们是怎么失败的，但我要知道他们是怎么应对失败的。从他们的应对方式中可以看出，他们是否具备创新思维，能否从容地承担风险。"

产业发展瞬息万变，你需要那些能坚持不懈去实现一件事的人——他们拥有无畏的品质，有能力应对困境与失败。许多CEO表示，他们会询问候选人经历过的失败以及最棘手的挑战。

"我试图让他们大致讲述一下遭遇过的一些最棘手的挑战，"杜克能源公司的詹姆斯·罗杰斯说，"我让他们谈谈自己的失败经历，他们是怎么应对的，当他们发现自己失败的时候有什么感受。我还要求他们说说自己承担过的那些虽然没有把握，但还是一步步努力去做了的事情。通过听他们讲述如何接受新理念，或如何重新调整职业生涯的方向，我就能了解他们是怎样的人。"

模棱两可本身就是一种挑战。达登餐厅公司的克拉伦斯·小奥蒂斯说，他想知道面试候选人是否能在没有明确指导的情况下完成工作。

"能从容应对模棱两可和不确定性，这是我期待的一种特质，因为这样的人能坦然接受多元性，即便不知道与他们有分歧的人对某种局面会如何反应，他们也不会感到不适，"奥蒂斯说，"他们能泰然处之，甚至喜欢这样的处境。这种人也能巧妙地应对模棱两可和不确定性，在发现风险的同时能找到其中蕴含的机遇。你询问他们各种各样的经历，并试图深入探究。比如'当方向不明确，打破僵局的方法不甚明了时，你会怎么做？'他们会如何回答这些问题？以及如何向你解释在那样的环境中，他们是怎么想，怎么做的？"

自知之明

当你身处团队之中，你能否基于对自身的了解，弄清自己在团队中的定位？你是否知道自己擅长什么，以及需要努力改进什么？

美捷步网的托尼·谢采用了一个巧妙的办法来深入了解这个问题。"我最喜欢提的问题之一是，'如果一定要说的话，你觉得人们对你的最大误解是什么？'接着我通常会问，'理解和误解有什么区别？'"

托尼·谢解释了通过询问这些问题，他能对一个人做出怎样的了解。

"我认为这能看出人们的自知之明以及诚实的程度，"他说，"我觉得，如果人有自知之明，他们就永远有成长的空间。如果他们没有自知之明，就难以有所发展，或超越现在的自己。"

金普顿酒店集团（Kimpton Hotels and Restaurants）的首席运营官尼基·利昂达基斯（Niki Leondakis）说，她想知道人们试图提高哪些技能，以此衡量他们的自我认识。

"如果一个人无法诚实且相当迅速地回答这个问题，如果关于自身发展这个问题你要想半天，那么你真的有在努力提升自己吗？"她说，"我想寻找的是愿意自我发展、自我成长的人。"

一些CEO会询问候选人，他们的同事如何评价他们。

"我最喜欢的面试问题之一是，'如果你的直接下属中有四位坐在这里，他们会对你作何描述？'"荷兰威科集团的南希·麦金斯特里说，"他们挑选的形容词往往具有启发意义。然后我会话锋一转，'如果你曾经的上司中有四位坐在这里，他们又会怎么形容你？'毫无疑问，所有人都想展示自己最好的一面，这是面试的本质。但在这个过程中，你确实能对候选者本人有所了解，比如他们的思维方式，他们如何在团队中发挥作用，如何适应企业文化。通过他们的面试表现，多少能给你一些这方面的启发。"

"你为什么想来这里工作？"

你是想在这家公司工作，还是只想找份工作？

这是CEO们想了解的一个关键问题。他们想知道候选人是否提前做好了功课，并认同公司的事业和使命。

一些领导的提问直截了当。化妆品公司创始人波比·布朗（Bobbi Brown）说，她会直接问候选人："你为什么想在这里工作？你喜欢做什么？"阿尔文·艾利美国舞蹈剧院（Alvin Ailey American Dance Theater）的艺术总监朱迪思·贾米森（Judith Jamison）也是直入正题："当他们走进我的办公室，我会说，'嗨，你好！你为什么想要这份工作？你为什么在这里？你知道这份工作有多困难吗？'"

Adobe系统公司的CEO山塔努·纳雷恩（Shantanu Narayen）采用了稍微间接一点的方式。

"我的第一个问题永远是，'告诉我你对这份工作是怎么看的，'"他说，"我发现，听他们讲述自己想做什么，以及对这份工作的理解，是十分有用的，因为这说明了他们想在公司里做些什么。在面试结束前，我通常还会询问他们如何发挥自己的作用。我觉得这个问题没有正确答案，但我认为通过回答第一个问题，即'你对这份工作是怎么看的？'你就会知道如何回答这道题。如果候选人的发言更多地围绕他们想实现什么，如何发挥自身作用，以及Adobe为什么是一家很棒的公司，或者这份工作为何富有挑战性且令人振奋，很明显，这就是所谓的正确答案，因为他们在谈论自己要如何发挥作用。但如果他们谈论的是关于头衔、人事方面的具体细节，那我觉得他们思考的方向就错了。"

施乐公司前CEO安妮·马尔卡希说，候选人对于"为什么想来施乐工作"这个问题的回答也许最好地说明了这个人是否有可能在她的公司取得成功。

"我想知道他们为什么选择我们公司，"她说，"不是我们为什么选择他们，而是他们为什么选择我们。我想听他们阐述自己能为公司做些什么，以及他们为何觉得在这里可以取得成功。他们是否做足了功课？是否了解我们公司？是否向往我们的价值体系及企业文化？是什么样的热情使坐在桌子另一边的他们想要成为我们公司的一员？"

通用汽车公司的苏珊·多彻蒂采取了一个好办法，从中不仅能看出人们是否对公司情况做足了功课，还能看出他们对于多赫迪本人面临的挑战是否有所感知。

"我总是问人们，'如果今天你处在我这个职位上，你要做的最要紧的三件事是什么？'"她说，"大多数人在做面试准备时，都十分关注先前的工作经验和案例。当询问他们处在我的位置上会怎么做时，你确实能得到一些非常坦率、即兴的回答。这就可以看出他们在毫无准备的情况下，应变能力如何。有时我会得到聚焦当下的策略性回答。有时他们会问我一些颇具领导风范的问题，这些问题关乎未来展望，关乎那些超越我们当下所思所想的事情。我喜欢提这个问题，因为这反映了他们的思考方式。还有人给出了十分全面的观点，包含对短期、中期和长期的不同看法。由此我可以快速了解他们的思考方式属于战略性还是策略性。从外部视角了解这些人怎么看待身为领导的我，听他们讲相对于当下我正在关注的事情，他们觉得我应该关注什么，这种体验非常棒。我喜欢这个问题。"

能够简洁流畅地阐述自己想要某份工作的理由，对候选人而言是十分有益的。纽约慈善组织"城市丰收"的吉莉·斯蒂芬斯会仔细倾听候选人能否用几句话就说明理由。能做到这一点的人不多。

"他们面试的这份工作有哪些吸引人之处？这是一个相当有趣的开放式问题，让我吃惊的是，不少人回答问题的时间超过15分钟，"她说，"我希望候选人对于自己应聘的城市丰收的工作岗位能充满热情，对我们的使命能充满热情，那就是帮助饥饿的纽约人解决食物问题。"

写作样稿

一些CEO认为，一篇文章能为他们了解候选人的思维方式提供一个窗口。"有时候，只要看候选人写的东西，就能了解他的聪慧程度。"胜科金仕达的克里斯托瓦尔·康德说。

因此他们要求候选人写一篇文章。有时他们会对看到的内容吃惊不已,这个测试能够完全扭转他们对一个人的看法。

"这是了解候选人各方面情况的最佳办法,"企业图书馆公司的内尔·米诺说,"他们对这个世界是否怀有好奇心?他们只是单纯地重复自己读过的东西,还是加入了自己的思考?他们的表达能力在我看来至关重要——词汇量大小,以及表述是否得体。说到底,我不会录用任何不会写作的人。我要求他们提供写作样稿,即他们的代表作品。他们就会问,'你是想要我在学校里写的论文,还是我写的备忘录?'我对他们说,把能最好体现他们表达能力的范文给我看就好。我会关注他们写作的精确性、词汇量以及表达的得体性。如果他们在备忘录中使用了短信用语,那就不合适了。"

共同进餐

许多CEO表示,与候选人共同进餐是招聘过程中十分必要的一个环节,因为这是一个好办法——离开办公室这个受约束的环境——能看清一个人的真实状态。于细微处见真章。他们在点餐时是否犹豫不决?他们跟餐厅侍者说话时会不会摆架子?他们能否读懂社交暗示,让谈话顺畅进行?

"这就像是生活的缩影,"Elle集团的卡罗尔·史密斯说。

但这些小事很快会积少成多,最终破坏印象,许多候选人就是因为在餐厅的表现而失去了工作机会。

"在没有与候选人共同用餐之前,我不会录用任何人,"奎斯特通讯公司的特里萨·泰勒说,"我十分确信,通过用餐你可以看出他们究竟是什么样的人。他们如何点餐，如何对待侍应生，他们是否会喝太多酒或喝什么酒——你能收集到关于候选人生活方式的所有信息，这些信息是你坐在办公室里对他们提问所获取不了的。也许他们在点餐时犹豫不决，或者对女侍者嗤之以鼻，看到这种情况我绝对会改变对此人的看法。"

金普顿酒店集团的尼基·利昂达基斯说，在餐厅用餐时，她会仔细观察面试候选人如何对待服务员。

"我认为离开办公室后，人们会更轻松自在一些，于是我会观察他们如何走进一家餐厅，是抢先一步，还是让别人先走，"她说，"或者当我们入座，侍应生过来接受点餐时，他们和侍应生说话是正视对方，还是完全无视，当对方不存在？一个人对待服务员的方式能告诉我许多信息。"

同理，在见到CEO之前，候选人也应该注意自己对待公司其他人员的方式。

"我会看他们如何对待前台，"在线定制服装销售公司Spreadshirt的CEO亚纳·艾格斯（Jana Eggers）说，"我总能从前台那里得到反馈。我要知道他们进来的时候是否礼貌，有没有打招呼，或问好。这对我来说很重要。"

仓促行事的风险

虽然这些问题能提高雇用到合适人选的可能性，但没有谁能每次都挑选到合适的候选人。事后，当被问及某人离职的原因时，CEO们常常表示，他们高估了此人的履历，或者招聘的时候过于仓促。

"通常都是一些外部压力逼着你填补职位空缺，"卡尔弗特集团的巴巴拉·克鲁姆西克说，"事实上，我必须提醒自己，我不必那么迫切地去填补这个空缺职位。一点儿压力也没有。我不在乎要花多长时间，因为这个职位的空缺就是我们招聘过于草率导致的失误。那些候选人不坏，只是他们不适合我们公司。我愿意花一年时间来为一个关键岗位招到合适的人。我宁愿这个岗位一直空着，也不想承受招聘过快带来的后果。雇用一个不合适的人，真的非常痛苦。"

/ 第十一章 /

走出你的办公室

　　入驻拐角的办公室的荣誉只是一种奖励,以回报你在晋升到部门、大区或总公司最高职位的过程中付出的辛勤工作和牺牲。但办公室本身呢?很可能是一个陷阱。

　　这也许夸张了,但并不过分。许多CEO都提出了同一个忠告:为了密切关注员工的所思所言,管理者必须到办公室外四处走走,同时还要想其他办法去了解大家到底在想什么。虽然他们常常觉得在办公室里能完成更多事情,但待在那儿的时间其实越少越好。通过四处走动,他们就能知道大家对公司和他们的管理有什么想法。管理者要善于让员工感到放松,这样他们才会坦率表达自己的想法。是的,这需要花费时间,但CEO们都说,这种时间的投入在各方面皆能获得巨大的回报——包括留住员工,洞悉大家对公司战略的看法,以及获得有价值的反馈。

　　CEO们表示,拐角的办公室还是与世隔绝的。领导们收到的是他人传递的信息。人们通常只想传达好消息。许多CEO研究出了一些策略，来了解人们对公司和领导层的看法。这些策略包括四处走动，改造办公室以创造一个更加开放的格局，与公司中的可靠人士建立关系（包括通过电子邮件）以获得坦诚的观点，询问员工以取得直接反馈。

重要的是要抵制企业图书馆公司的内尔·米诺提到过的一种现象：在搬入拐角办公室时，她的商业伙伴鲍勃·蒙克斯给她提了个醒："瞧着吧，你讲的笑话会变得多'好笑'。"这是说有时老板说了一个不那么好笑的笑话，全场迎合地哈哈大笑。任何人，只要有过这样的经历，一定会对这句话感同身受。此话还蕴含了一层隐喻，米诺解释道："你在组织里的职位越高，要想让人们对你诚实的难度就越大。"

走出办公室

千禧国际集团的德博拉·邓西尔说，四处走动的管理方式是十分必要的——不仅是为了获取反馈，还为了能留住人才。

"我会安排四处走动的时间，这样我就可以顺路探访公司不同大楼里的各个办公室，"她说，"以前，大家通常会吓一跳。现在不会这样了。我会问：'嘿，你在熬夜做什么？你在忙些啥？现在最让你兴奋的是什么？你觉得我们可以改进哪些地方？'这些提问是十分值得的。我发现，如果不这么做，思维很容易脱离实际。换句话说，CEO得到的所有信息都经过了加工和处理。如果你没有直接的信息获取通道，或者没有创建平台来听取人们真正的想法，那么你对公司现状的理解就会背离真实情况。"

"我认为那样会让组织失去动力,失去凝聚力,并开始失去优秀的员工。我的核心理念之一便是,领导层的工作就是要确保合适的人才都留在组织内。为此就要积极了解员工,了解他们的价值观和信仰,他们认为公司有哪些值得改进之处以及如何采取行动。对我而言,这段四处走动的时间,正是为了实现公司目标。所以我现在越来越爱抽出时间四处走走,因为这样能推动企业关键目标的实现。"

胜科金仕达的克里斯托瓦尔·康德通过与销售人员一起拜访客户来获取关于公司情况的真实反馈。

"我尽量每天都去见一位客户,去的时候会带上一名销售代表或客户经理,"他说,"比如说,我们搭乘地铁或出租车去拜访客户。销售代表为这次与客户会面做好了准备,胸有成竹。但路上我的一些提问却是他们没有准备的。当我问起有关公司的事情时,他们毫无防备。比如我会问'你手头最重要的工作是什么?如果你能改变一件事情,那会是什么?如果离开胜科金仕达,你会去做什么?'我很快就能了解他们的想法。并不是说我接下来就要有所行动,但这幅巨大的马赛克图拼凑出了组织的真实状态,人们会去重视它。"

青年市场营销机构Fuse的合伙人兼共同创始人比尔·卡特(Bill Carter)说,从公路旅行回来以后,他学到了重要的一课,即如何度过在办公室的时间。

"相比十年前,我现在做得更多,而且可能做得更好的事情之一,就是真正出现在办公室里,"他说,"我想,许多高层人士——大公司、小公司的CEO和总裁——显然都会把大部分时间花在办公室外。过去,我在公司的50%的时间,往往用在走进办公室,把门关上，然后埋头钻研一天或一周真正的核心工作。

"这样一来，我在不在公司其实没有区别，因为我没有与其他员工互动，无论是高级员工还是初级员工。我不知道发生在员工们身上的任何事情，不清楚公司的最新动态，也不了解大家面临的挑战。我已经吸取教训，当你在办公室，身处这个职位，你能做的最好的事情就是将至少50%的时间花在与员工的沟通上，越多越好。一直窝在办公室是无法了解组织动向的。在大门紧闭的情况下，各种信息是不会自动找上你的。

"我认为，不要只把眼光放在履行核心职责上，你可能就会愿意花更多的时间和你的员工在一起了。毕竟，CEO们真正该负责的是什么呢？是的，他们负责制定战略，负责创造最好的工作环境，负责寻找最优秀的人才。如果把自己关在办公室里，只与会计师或外部的法律顾问沟通，大多数人仅仅通过邮件和你交流，那你还怎么做到上面这些事呢？初级员工通常不会与你邮件沟通。如果不到公司的大办公区域与人交流，你就不会知道他们所面临的真正挑战是什么。"

美国梅西百货公司的特里·伦德格林喜欢对全国范围内的门店进行暗访。虽然他的出现起初总会让人大吃一惊，但他认为这种经历是非常宝贵的。

"我一直致力于双向沟通——与组织内各层级员工进行公开的正式和非正式谈话，聆听他们的想法，"伦德格林说，"我的这种做法已经持续了许多年，可以说是出了名的；我通常都是直接走进一家门店。我有门店经理的手机号码，我会从化妆品部门给他打电话，95%的时间他都在店里。经理们最初都会有点震惊，有时他们会说，

'你不可能是特里·伦德格林,说吧,你是谁?'我回答,'不,就是我,你到一楼来,我跟你打个招呼。'我每周都会去一家门店。因此,当我们一起巡视商场楼面时,他们既没有时间去提前准备我提出的问题,也没有时间来特意布置店面,但最终,他们都认为这是一次不错的经历。我总会把它弄成一次不错的经历。

"如果有问题、疑虑或不满,我一般不会向门店经理发难,而是让管理层研究,商场的哪些地方做得不到位,让顾客没有享受到良好的购物体验。我通过探访门店学到的东西不比我做其他事情学到的少,更是比我坐在办公室面对电脑,或在纽约主持大型会议能学到的要多得多,因为我了解的、看到的,正是顾客们体验过的,没有任何事先加工的痕迹。我花了不少时间在商场里——我待在那儿的时间大概比大多数CEO都要多——我还愿意花更多的时间待在商场里,因为我回来的时候从不会说,'天啊,简直是浪费我的时间。我还是把更多时间花在办公室里吧。'"

百思买集团(Best Buy)的CEO布莱恩·邓恩(Brian Dunn)也会光顾旗下门店,他是以顾客的身份去逛商店,因此非常了解顾客体验。

"我觉得CEO的工作会使人与外界的真实情况隔绝,"他说,"我要确保自己能走到外面,去感受这闹哄哄、杂乱无章的一切。如果不这么做,你就要承担与外界隔离以及效率低下的风险。在担任百思买总裁兼首席运营官期间,我愈发清晰地认识到,人们不会在我的办公室门外排着队告诉我他们把某事搞砸了。你知道的,你得到的消息只会是'是的,一切都好极了,堪称完美。'因此,走到外面去,像顾客一样体验我们的品牌,在我看来十分重要。这意味着我要浏览公司网页，要给我们的呼叫中心打电话，要探访门店并与店员交谈，了解哪些运营方式是有效的，哪些没用。"

eBay网的约翰·多纳霍经常深入基层去聆听员工的想法。他还发现，要了解公司的运营情况，那些即将离职的人是可靠的信息来源。

"我试图和不同级别的不同员工交谈，"多纳霍说，"有趣的是，许多公司都不喜欢这么做。我接触的人都喜欢，但他们的上司，或上司的上司，就不喜欢。随着时间的推移，我还发现了一件非常有用的事，即任何时候，当一位高层人员离职，有时是中层人员离职，我常常会找到他们说：'嘿，你能不能给我发封电子邮件，或者咱俩聚一下，你觉得公司里有哪三件正在发生的事是我可能不知道，但你认为我应该知道的，我想听你说说。'然后我会问：'如果你是我，你会和我们现在做得不同吗？'我发现，当人们离职的时候，他们往往处于一种深思熟虑的状态。他们已经做出了一个非常艰难的决定，因此也会异常坦率，因为他们已经没什么可失去的了。事实上，如果他们关心公司，他们会更加直接。我发现我能收获一些很好的见解，这些见解不再是些冠冕堂皇的话。它们很直接，而且往往易于执行。"

可靠的信息源

内尔·米诺说过，当你成为经理之后，你讲的笑话都变得更好笑了，还记得吗？每位老板都需要公司里有人能告诉他，他的笑话不好笑——换言之，能够给老板直接的反馈，而不被职务和地位所吓倒。通常，私人助理或副总裁会扮演这个角色。但是坚持培养这种关系是十分必要的——通过当面交流或通过电子邮件——理由很简单，反馈越多越好。

施乐公司的厄休拉·伯恩斯从总裁升任CEO后，就立刻发现了变化。

"其中之一就是，你变得更加孤立了一些，"伯恩斯说，"你每天都需要努力。你的朋友，或那些与你有各种关系的人，需要你自己去维护和他们的关系。有这么一个人——我们公司的明星员工——我可以顺畅地跟他交流，他也能不在意级别差异，和我很谈得来，仿佛我不是他的老板。因此，他可以直截了当地说出'你完全错了'或者'我不同意'这样的话。我的员工里也有风格完全不同的人。能拥有不同的见解是非常重要的。我的CFO在表达观点时完全没有任何顾虑，'就是这样，你喜不喜欢都行，这就是我的想法'。这样很好。我恰好就有这样一个团队，他们可以给我未经过滤的反馈。"

职业教育公司的加里·麦卡洛说，他发现除了"四处走动式管理"，电子邮件往往也能作为一个收集观点的有效工具。

"当你身处公司总部时，你获得的信息不一定是真实的，因为它已经被多次过滤了，"他说，"所以我会四处走走并提出问题。我认为，要想弄清正在发生的事情，最好的办法就是到公司分部去，并举行开放式的会议。我倾向于加入公开问答环节，让员工畅所欲言。一般每个季度我都会给全体员工发送电子邮件，有时会更频繁一些。我要帮助他们了解，我们取得了怎样的成果，存在哪些问题，当务之急是什么。自从我这么做以来，我已经收到了一些回复，有时只有五十名员工做出了回应，有时则多达两百或三百人。我会尽力在几天之内对每一封邮件做出回复。事实上，最近几年来我已与公司的一些员工建立了联系，他们会发邮件对我说'你考虑过这件事吗？'或'我想你应该知道，在我们公司或我们分部发生了这种事'。我对每一条信息都给予足够的重视。我会保护发信人的隐私，这些信息让我了解了一些本来不知道的事情。"

"我会提一些问题。他们会把想法告诉我，并提出建议。有时他们对我很不客气，而我总是说，'谢谢你的反馈。'我从来不会去找谁追究责任，或找谁麻烦。我相信，越是这么做，他们就会对我倾吐越多，'我给这人发邮件，他会回复我，而且还不会生气。'如果他们对我说了什么他们认为我需要知道的，或者他们觉得我能够真诚地听取反馈，我会很高兴，这说明他们对我有足够的信心和信任，并认为我会保护他们。很多时候，我所做的就是写一句'谢谢你分享信息'。这样也是很好的。"

重新设计办公室

要避免拐角办公室陷入孤立境地，方法之一就是取消拐角办公室——创建开放式布局，或做出其他调整，以鼓励更加公开的交流。

约瑟夫·普卢梅里说，2000年加入韦莱集团控股公司时，他发现总裁有自己的办公楼层和专用电梯。为了显示韦莱集团即将改变的决心，他采取了激进的措施，拆掉了所有办公室的门，包括他自己的。（如果韦莱公司有人需要不受干扰的环境，他们可以去会议室，那里有门。）

"他们以为我疯了,"他回忆道,"但我想促进交流。"

按职位而言,高盛CEO劳埃德·布兰克芬有权享用拐角办公室。但他却将其让给了别人,自己仅使用沿墙的一间办公室,从这间办公室门口经过的人会更多。

"你知道我为什么不使用拐角办公室吗?"布兰克芬说。"我喜欢访客去拜访别人时能途经我的办公室,这样,我在看到他们经过门口时,就能把他们叫进来询问,'近来可好?'"

Watershed资产管理公司的梅丽德·穆尔曾在办公室里工作,但她并不喜欢这种体验。加入雷曼兄弟(Lehman Brothers)后,她来到了一个更加开放的办公布局中。"我喜欢这样,"她说,"所有人在一起工作,灵感四射。这样更有趣,更有活力,而且我发现,如果你能获得周围人的见解,那你的工作会做得更好。"

当她成立Watershed资产管理公司时,这段经历对她公司的办公布局设计产生了一定影响。

"我们都坐在一个开放式的大型办公区域里,"她说,"我们采用极致的扁平化组织。所有人都使用同样大小的办公桌。我可以听到分析师们如何沟通并提出问题。这里没有部门间备忘录或办公室等级制度,也没有什么信息会被事先提取或过滤掉。当我们进行某项工作时,会反复地进行沟通交流。"

手机广告公司AdMob的奥马尔·哈默伊则更进一步。他的公司有着开放式布局,但他不会固定地坐在一个位置上。他会把自己的办公桌移来移去,以便及时了解这个快速成长的公司里的员工们的想法。

"大约每六个星期,我就会换到公司的另一块区域办公,只要我觉得最近没怎么听到这个部门的消息，或者我与那里的员工还不太熟，我就会坐到那儿去，"他说，"我的办公位置是流动的。我只要搬着电脑坐到另一个地方就行。如果人们看到你坐在那里，没什么事做，他们就会走过来和你聊聊。这是一个非常有效的方法，你能听到公司里发生的事情，以及人们对公司或对你的感受。如果让大家接触到你，他们就会把自己的想法说给你听。从我的直接下属以及AdMob公司的其他员工那里，我听到了许多关于公司状况的言论。不过要做到这一点，你得确保人们有一个放松的谈话环境。"

吉尔特集团的苏珊·莱恩同样也在开放式办公环境中工作，她说她再也不会回到传统的办公室去了。

"这是多层次的变革，"她说，"人们无须预约就能到我这儿来答疑解惑，或征求我的想法。如果我手头刚好有事，他们也会尊重我，但我宁愿冒偶尔被打断的风险，也不想再回到那个让我感觉被孤立的大型拐角办公室了。我不再需要通过人力资源部的报告来了解公司整体的情绪氛围。同时，这还有益于传递信息。在开放式环境中工作会传递一种信号，即我视自己为团队一员，而非凌驾于团队之上。在吉尔特这样快速成长的公司里，这种做法能让我更快认识新员工。"

为了确保人们在分享观点时不会有所保留，莱恩采取了一项从谷歌高管玛丽萨·迈耶（Marissa Mayer）那里听来的策略——办公室时间。

"我尝试每周抽出两个小时的时间，而公司里的任何人都可以从中预订我半小时的时间，"她说，"这是一个很好的办法，能够找出那些潜伏在表象之下的事情。相当多的底层员工会来预订我的时间，数量十分惊人。有时候，他们只是想有一个与我面对面的机会，希望能够引起我的注意,而且他们确实会带来一些自己的想法。当你运营一家公司时,你很难接触到比你的直接下属更低级别的员工。这个恰好能解决这些问题。它能让我更好地了解那些在走廊上遇见,或在周一全体员工会议上才能见到的人。这是一个很棒的预警系统,可以尽早发现部门内存在的误解或挑战。它拥有巨大的价值。"

寻求反馈

想知道别人对你工作的看法吗?有时候,你要做的只是寻求反馈——这是一个特别有效的方法,可以知道那些远离拐角办公室的人们的想法。

"我会问一些简单的问题,比如'我做得如何?''我还应该怎么做?'"雅虎公司的卡罗尔·巴茨说,"当你这么问时,起初人们会感到非常震惊。他们不会马上回答,因为他们并不觉得你对这个问题是认真的,因此你要继续追问,让他们放心。最终,他们会放心大胆地把自己的想法告诉你。"

安进公司的凯文·沙雷尔在成为CEO后,用了一种更加结构化的办法来获取反馈。

"1999年12月,公司宣布我将于2000年5月接任CEO一职,"他说,"我在公司担任总裁已有六七年了。因此大家都认识我,但我从来没有管理过研发部,而这个部门显然是安进公司的核心部门。所以我对高层员工提出了几个问题,你觉得哪三件事是我们需要坚持的?哪三件事是你想改变的?你希望我做哪些事情?你害怕我做哪些事情？最后，你还有什么想谈的吗？"

"我与公司最高级别的150个人进行了对话，每人谈一个小时。如果他们愿意的话，我会请他们提供一份书面答复，这样我就可以留存起来。我会非常认真地做笔记。我不会试图灌输什么，而是努力地去深入聆听。在一家崇尚科学的公司里，我们重视数据，而这是十分重要的社会数据。因此，在成为CEO之前，我综合所有回复写道：'这是你们告诉我的事情，而这是我的看法，以下是我们的当务之急'。人们会热情坦诚地与我交流，这也有助于我更好地了解公司高层人员的想法。"

沙雷尔说，这种方法源于一个想法，即他认为自己具备可塑性。像许多CEO一样，他会定期接受"360度评估"，并从中获益。

"我会真诚地接受并寻求反馈，因为这是CEO获得成长的唯一途径，毕竟这个职位是非常孤立的，"沙雷尔说，"所以，如果不建立机制，来获得真实反馈，那你就无法成长。每年，我都会让安进公司人力资源总监开展一项我的团队对我的书面评估，并提交给我和董事会。当然，这是一个不太舒服的过程。作为CEO，你会希望你的团队说，'哦，老板，今年你做得真棒，有你在真是幸运。'然而，老天啊，每年他们都会提出三四件我应该做得更好的事情。所以，你必须创建类似的反馈通道。"

"我曾收到过这样的反馈：'凯文，有时候你在会议上下的结论，或者脱口而出的一些事情都非常草率，这会限制讨论，而且你知道吗？——你错了。'所以现在我会注意让讨论进行下去，并让我的领导方式更加民主，而不是专横又冲动。这是一方面。另一方面，有时我会钻牛角尖——他们称为我的潜水艇模式——企图过早地理解一件事。所以我尝试克制,等事情成熟,我们做好准备之后再去下结论。因此在许多情况下,这不需要改变性格,因为那也是不可能的。你只要注意自己的不良倾向就好。就拿高尔夫球运动来说,我站在发球区,右边是一片水塘,而我的不良倾向就是想猛地把球打入水中。所以我最好还是要知道这一点,并努力抵制这种倾向。这与自我意识有很大关系。"

齐格网的丹·罗森维格经常通过年度绩效评估来寻求员工对他领导情况的反馈。

"我会问员工,'如果你处在我的职位上,除了给自己更多的假期和薪水,你首先想做而我们还没有做的一件事是什么?'为了使评估过程更加自在,我会问:你需要我多做些什么?你希望我少做什么?我正在做的哪件事情是你想让我完全停下来的?有什么是我做得不够,而你希望我再接再厉的?"

/ 第十二章 /

成为导师,而非评论家

许多老板都是从管理学院毕业的,他们只关心结果:你的工作做得好吗?你的工作做得糟糕吗?从这个意义上看,这种做法与评论家无异。满意或者不满意,你最近的工作表现能拿几星评价?然后再进行下一个任务。

这种管理方式确实比较容易,因为只要坐下来,进行审查工作并做出评价就好。如果员工的工作做得不够好,那他们就会被替换掉。老板这么做,使得聪明的员工会研究反馈回路并从中学习,或从同事那里寻求帮助,从而提升自己的工作业绩。于是老板们自我表扬道:"我是个不错的管理者。"即使他们花在管理或领导上的时间其实少之又少,甚至没有花时间。

听起来耳熟吗?

另一种做法是:成为导师,而非评论家。

作为导师,管理者的工作就是提升员工的个人能力,使团队更加出色,并设法在工作一开始就给予引导和指点,而不是在工作完成之后横加指责。他的工作就是通过非个人的方式给予反馈，让员工们知道，他心里装着他们的利益，他是站在他们一边的。许多管理者试图避免谈论关于员工表现这种艰难的话题，导师却认为进行这类谈话是他的责任。员工们很清楚老板是否支持他们取得成功，如果他们觉得管理者的目的是使他们变得更加出色，那他们会更愿意接受反馈。如果你相信大多数人愿意变得更优秀，他们愿意接受反馈和建议，他们希望有人关心他们的未来，那么提供反馈就没这么困难了。这不就是将老板和导师这两种身份区别开来的关键因素吗？当人们谈起一位杰出的导师时，一般是指这个人是老师、顾问，是一位能够提供见解和建议，帮助他人为未来的挑战做好准备的人。当然，老板和员工之间的关系更为复杂，但如果老板的目标是为了让员工更加出色，那他将会从员工那里收获更多。

如果仍有人一想到要与员工进行此类谈话就感到为难，害怕谈话会难以进行或员工会生气，那么请记住FRS运动饮料公司的CEO梅格莉德·艾琛（Maigread Eichten）从她在百事可乐任职时一位前任老板那儿听到的一句话："如果你真的在乎某人，就给他建设性的反馈。如果你对某人毫不在意，那么只说好听的就行。"

千禧国际集团的德博拉·邓西尔说，给予反馈是员工关怀的一部分。

"我发现，在反馈时做到坦诚相待非常重要，"她说，"即使是负面的反馈，对人也是非常有帮助的，特别是真正想要获得进步的人。帮助他们的办法——且不会打击到他们的积极性——就是深入关注他们的进步和成长。所以如果你深入关注他们的进步和成长，并坦诚地提供建设性的意见，告诉他们需要做哪些改进，那么你所说的就是金玉良言。我觉得难就难在如何表达上。"

盖茨基金会全球健康项目总裁山田忠孝从以前的导师那里学到了关于提供反馈的重要一课，这使他意识到，他的职责是指导和提升员工，而不是时刻关注他们的缺点。

"莫尔顿·格罗斯曼是现代胃肠病学的奠基人之一，"山田说，"我记得他曾经给过我一篇论文，让我评审。我当时还年轻。他说，'我想让你给这篇论文做个评审。'于是，我花了几个晚上的时间阅读论文，并写了一篇长达六页的评审报告，把原文的分析批得体无完肤。我把评审报告交给他，本想显示我的聪明才智。他看后说道，'好，现在我要你写一份报告，告诉我这篇论文的亮点，以及我们如何能把它变得更好。'我照做了。从这个角度看，这篇论文其实还是不错的。

"这一点也适用于员工。所有的结果总能归结到人身上。我从中明白了一个道理，你不可能在进入一家公司后，开除所有人，然后用所有你想要的人取而代之。你必须和现有的人合作。我曾多次进入不同的企业工作，这些企业所处的行业完全不同，当你进入一家公司，你就会意识到，有些人很优秀，有些人比较平庸，还有些人不怎么样。如果将时间都花在关注所有负面事情上，我就会一事无成。或者我可以问自己，现有的这些人有哪些闪光点？是什么让他们这么出色，我要怎么做才能让他们的能力再上一两个台阶？如果我愿意在这上面花时间，我将拥有一个非常棒的团队。每个人都既有优点又有缺点。如果你能激发每个人最好的一面，你的团队将非常出色。而如果你让大家表现出的都是最糟糕的一面,那么你的团队也会非常糟糕。所以,给论文做评审这件事带给我的教训,已经成为我管理风格中至关重要的一部分。"

高盛集团CEO劳埃德·布兰克芬就指导的重要性做出了令人信服的解释。

"大多数人都想变得更好,"他说,"他们想为一个优秀的组织工作,并希望自己是个有用的人。比起升职,他们更希望能不断获得晋升的资质。他们要的是发展。如果人们认为你能够帮助他们做到这一点,他们就会给予你最真挚的忠诚。忠于你,对他们而言是有利的,因为你会花时间给予他们回报。"

对电子游戏开发人威尔·莱特来说,为了使员工愿意接受反馈,对他们进行深入了解是必不可少的。像许多其他CEO一样,他也认为员工都渴望有人能指导他们如何进步。

"我管理过许多人——艺术家、程序员、制作人——他们不只想知道自己的工作做得好不好,"莱特说,"还希望自己在职业生涯中可以受到推动和挑战。因此,如果他们觉得你给予的指导一定能让他们在一年之后成为更好的艺术家或程序员,那么这就是双赢。即使你向他们提供的反馈挑剔不太客气,他们也会看到其中的好处和价值,这与典型的绩效评估截然不同。"

"对许多人来说,他们的工作和职位与他们如何看待自己并没有什么联系。他们的内心对自身、职业抱负、前进方向都有着已经成形的看法。真正重要且能够激励他们的东西更多地存在于他们不为人知的一面中。这需要你去和他们交谈。你要花大量的时间去探寻他们的兴趣，他们在工作之余都做些什么。通常都会有某种激情推动着人们前进。对我而言，这就是与别人合作时非常重要的一点——去了解什么事情能让他们眼前一亮，兴奋不已，并且滔滔不绝说个不停。如果你能从某人身上了解这一点，你就可以加以利用，这会在很大程度上影响他们的工作业绩，他们与你之间的关系，以及你向他们表达观点并使他们兴奋起来的方式。对我来说，这是许多事情的关键——探索和了解与你共事的员工的激情所在。"

* * *

太多的公司将年度绩效评估作为提供反馈的机会。但这种评估的用处十分有限，因为它们把本应实时进行的谈话推迟了将近一年。届时，这种评估可能会分量过重，而那些渴求反馈的员工们也会过度解读，或把注意力放在言外之意上，或盯着某句话生气。这种评估也可能草草了事，仅以些许肯定的话就概括了员工一年的表现。

一些CEO表示，他们宁愿彻底取消绩效评估。雅虎公司的卡罗尔·巴茨说，她更喜欢运用"小狗理论"来提供及时反馈。

"如果你的小狗在地毯上撒尿，你会马上就对它说些什么，而不会等到六个月后才说，'还记得那天，1月12日，你在地毯上撒了一泡尿吗？'那没有任何意义。'这就是我现在的想法。这就是快速反馈。'然后我再去做下一件事情。如果能用我自己的方式，且通过这种方式，所有人能更诚实地看待正面和负面反馈的话，我是不会采用年度评估的。我觉得年度评估太过时了。我宁愿让每位员工告诉我，这个季度他们是否和各自的经理进行过一次有意义的谈话。'是'或'否'。如果答案是'否',他们就该去好好谈一谈。我甚至不需要知道谈话的内容。如果你的答案是'是',那就没问题。"

美国大陆航空公司的劳伦斯·凯尔纳说,他的一位前任老板提供的反馈令人费解,曾让他不知所措,那段经历影响了他在指导员工方面的思路。

"我之前的一位老板,在我整个工作期间都亲切友好,一句不满的话也没有,"他说。"结果,我收到了绩效评估,末尾的评语里写着如果我能在做那件事情时知道这个就好了。第一,我不同意他的看法;第二,这并不重要。他是老板,我完全尊重这一点,但要读懂他的心思,对我来说有点难。看他的评价,似乎我把工作做得很糟,而走进他的办公室时,我还以为能得到非常好的反馈呢。因此我学到了重要的一课,要坦率沟通,立刻沟通,这一想法在我后来遇到一些好老板时大概也有所强化。他们在我工作时给予了大量反馈,所以,即使事情的结果不完美,谈一下工作进展也不是什么令人惊讶的事。"

他现在的做法是什么?

"简短、清晰、直接,"他说,"我的总体看法是,我第一次告诉你什么东西——我的意思是这也许只是我的观点——对你来说并不是什么坏消息。如果我一直告诉你相同的事情,而你却坚持做别的事,那我们就要进行更加严肃的谈话了。"

正确给予反馈的方式并非只有一种,管理者可能会尝试不同的办法,看看哪一种效果最好。即使在如何进行反馈谈话这种简单的事情上,领导们也采用了一系列的策略。

糖果生活网的丹尼·利维所采用的"批评三明治"就是其中一个策略。

"有时我会开玩笑说，我知道的有关管理的一切知识，都源自我在两个夏天里照顾情感障碍儿童的经历，"她说，"对于这段经历，我没有任何否定或贬低的意思。不过我从中学到了一些基本的人际交往技能，比如'批评三明治'——表扬、建设性批评、再表扬。"

百胜餐饮集团的戴维·诺瓦克喜欢先表扬，再反馈，而且他会小心地避免在两者之间使用"但是"一词。

"给予反馈的最佳方式，就是从说'我很欣赏你这一点'开始。他们也许有很棒的策略，有广阔的视野，有良好的执行力，或者其他优点，"诺瓦克说，"当你和员工谈话时，先告诉他们做得好的地方，这会让他们非常乐于接受反馈，因为这至少表明你对他们的工作给予了认可。然后我会说，'而且，如果你这样做的话，工作会更有成效。'我认为这种说法真的很管用。"

他回避"但是"一词的原因是什么？

"我觉得'但是'这个词杀伤力太大，"他说，"'而且'这个词才是真正认可了赞赏的部分。如果你说'但是'，就把一切赞赏都抹消了。"

山田忠孝则不喜欢将正面和负面反馈混为一谈。

"我学到了一件事，只要你说了一句不好的话，无论之前说了多少好话，都会刺痛对方，"他说，"所以，反馈应当实时进行，而不是拘泥于一个特定时间点。如果我要进行负面反馈，我会直接说出来，而且会表达得清晰透彻。但我不会将它融入一堆正面反馈里，因为人们天生就不想听负面消息。因此我会试图尽快，最好在当下就完成这件事。但我也会尝试在其他时候提供积极的反馈。将两种反馈结合起来往往非常困难，因为这样不仅会让正面信息在负面信息中流失掉，也会让负面的信息被扭曲。"

金普顿酒店集团的尼基·利昂达基斯说，她已经学会在给予员工反馈前，先听对方把话说完，这样会使他们更愿意接受指导。

"当有某个问题或情况需要解决时，要学会先去倾听，"她说，"而不是和对方面对面坐下来，直截了当地就告诉他哪里出错了，哪件事需要处理或者哪个问题需要解决，我会先询问事情是怎么发生的，现状如何，聆听来龙去脉。我们为什么会落到如此境地？为什么事情会是这样？当我获得全面的了解之后，我不会去评价孰对孰错，而是会把这段时间变为指导时间，如此一来，坐在桌子另一边听取自己工作出了什么问题的那个人就不会再感到恐惧和威胁。"

"当我还是一个年轻的经理人时，我害怕事情出错的心态促使我快速地响应事务。我响应得越及时，事情就能越快得到解决。但现在我改变了这种习惯，虽然这是一件好事，但我的处理方式常常让人们产生戒备心理。所以，先聆听，了解我们是如何走到这一步以及事情的来龙去脉，我认为这样可以使他们愿意倾听我的观点。接着我们就可以开始研究解决方案。如果人们感觉自己被批评得一无是处，他们就很难敞开心扉听取意见并进行改进。"

美容品牌卡罗尔的女儿（Carol's Daughter）的创立者莉萨·普赖斯（Lisa Pirce）用这种先倾听的方法克服了提供反馈时的焦虑。回顾往事，她说，当她头一回在电视行业担任经理时，她把这种谈话搞得过于个人化了。

"我当时是电视制作部门总编剧的助理,其他编剧的助理都向我汇报,"她说,"这不是我很擅长的事,因为我想与人们成为朋友。但在工作的时候,我是很独立自主的,并不需要每个人都喜欢我。因此,当有人说'这就是我需要你做的事情'时,我会专注于它并去执行,我不需要别人对我进行微观管理。我不是注意力不集中的人。所以我倾向于认为所有人都是这样。当我以为某人已经完成全部工作,但其实他只完成了三分之一时,我就会问,'怎么回事?发生了什么事情?为什么你还没完成工作?'我必须明白,不是每个人都像我一样。这对于我现在做的事情来说,是一种很好的锻炼。

"不得不承认,我是当时最难受的人。我花了一段时间才意识到这一点。我以为其他人都跟我类似,如果被人指出工作效率不够高,就会觉得受到冒犯。但我这样做了几次后,却发现对方很感激这样的反馈,还会对我说,'嗯,我当时确实进行得不太顺利,因为我没弄明白这个地方的意思。'大家反而能够更紧密地团结协作,你聆听他们的观点,然后一起找到解决办法。但那个最难受的人真的是我。所以,如果能克服难受不安这种情绪,我就能有所突破。这种情绪其实只是纸老虎。"

胜科金仕达的克里斯托瓦尔·康德开发了一种简单的反馈体系,确保公司里没有人会感觉被孤立。他体会到一些微观管理的危害,并从中吸取极大的教训后,花了一段时间才开发出这个系统。

"最初,我十分崇尚自上而下的命令与控制,"他说,"我觉得我很聪明,我做的决定比别人的更好。我还年轻,愿意每天工作20个小时。但你猜怎么着？这并不是长久之计。现在有许多极为成功的企业都是在微观管理之下运行的，但那是另一回事。有一年，我有302个夜晚没有回家，这还不包括当日往返的短途出差。我必须在各地飞来飞去，做出各种决定。我可能走进办公室，草草宣布一项决定，然后就要坐上下一班飞机，去另一处重复这个过程。回顾那一年，我觉得自己一事无成。

"那是20世纪90年代初的事了，那段经历使我确信，正确的方法是反其道而行，你要授权给员工，要限制由你来替他们做决策的事情数量，你只要决定一两件最重要的事情就好。当你和他们面谈时，就只谈那一件最重要的事。你必须坚持这样做上一年，才能开始在公司里产生影响。"

康德还对公司的绩效评估方式进行了变革，使之体现连贯性。那样就没有人会觉得自己是被单独挑出来接受批评的。

"一位老板曾对我说，'克里斯，你是个聪明的家伙，但这并不意味着你能跟人们讲明白那一大堆需要做的事情。把注意力放在少数几件事上就好。'这是非常具有建设性的批评，我把这一评价转化到绩效评估当中，将各类事情都总结成三件，"康德解释道，"'看，查理，这是进展顺利的三件事，这是进展不妙的三件事。'这一点很重要，因为这样一来人们就知道，每个人都有三个做得好和做得不好的地方。他们就不会往心里去。我发现这是一个非常有价值的工具。"

* * *

提供指导这种方法还可以用在大型会议上,而不仅限于一对一的交谈。无论在任何背景下,它都能反映出一种态度——如何使事情变得更好,而不仅仅是评价过去做过的事。

"我讨厌放马后炮的人,"百胜餐饮集团的戴维·诺瓦克说,"所以开会时我会把重点放在专业技能的培养与分享上,这将有助于我们不断前进。我把会议的主题聚焦在超过去年的业绩上。'你所谈论的这个项目为什么会比我们去年做得更好?我们现在进行的工作中,有哪些能让我们保持成功?'每次开会,我都尽量把注意力放在你给我讲过的那些'如果能这样做'的事情上。然后是,现在的情况如何?为了得到更好的结果,我们现在应该怎么做?我喜欢从经历过的事情中吸取教训,但我希望能把我的会议重点聚焦在未来上。"

许多CEO都从体育运动中学到了有关领导力的重要一课。商业世界中常常会用体育运动来打比方,而在学习如何给予反馈方面,更是如此。在体育运动中,这正是教练们所做的事,在训练中不断给予反馈,帮助队员们取得进步的同时,使队伍获得胜利。

Fuse公司的比尔·卡特表示,他在高中和大学曲棍球队的经历对他的领导力哲学影响颇深。

"我在马里兰州一个曲棍球普及率很高的地方长大,"他说,"我碰巧去了一所拥有一支全美顶尖曲棍球队的高中读书,球队的主教练是乔·麦克法登。在整个高中生涯,我记得我们输的球不超过三场。我就身处在这种必胜文化之中,所有的教练、球员、同学和教职工，都觉得我们理应赢球。

"后来，我上大学的时候进了一支很普通的曲棍球队——宾夕法尼亚州葛底斯堡学院曲棍球队。我再一次碰上了好运气。我大一入学的前一天，邮箱里收到一封信，信上说原来的曲棍球教练退休了，来了一位叫作汉克·詹基克的新教练。他来之后，队里竟然又一次出现了前面提到过的那种必胜文化，这种期待使每次练习都充满了令人难以置信的竞争性。每场比赛，他不仅会评判我们是赢了还是输了，比分是多少，而且还要评判我们在场上的表现。二十多年来，他一直在那里做主教练。到现在，他已经成为历史上最伟大的曲棍球教练之一。

"我认为，这些经历绝对让我有了重大的改变，不仅仅是对胜利的渴望，以及对创造胜利的商业文化的渴望，它还让我去思考这究竟是不是我们能够达到的最佳状态，而不仅以结果为导向。对我们当下的商业环境，我会反复考量，找出开辟新领域的时机。如果我们成功了，我仍然会去评估这个领域，比如我们是否发挥出了最佳水平，抑或是否还有其他因素助力了我们的成功。当我们丢失了一些业务阵地，或是在客户眼中，我们没有做出他们非常满意的工作时，我也不曾停止思考这些事情。我会根据最终结果以外的因素，对这些事做出调查或者评估。"

卡特说，他所运用的管理方法就是在工作中以让人受益的方式做到公平、诚实和直接。

"如果你希望员工发挥最佳状态，如果你想让整个公司在所有的时刻都能做到步调一致，那么你就必须愿意与人坦率地进行沟通。"

他说,"在我们的办公室里,我们达成的共识是,言语可以直率但不能进行人身攻击。我也知道,在一定程度上,是我在大学里打曲棍球的经验让我懂得了这些。我的教练大声斥责我或者其他队员时,我们从来没有认为这是一种人身攻击。现在想想,虽然当时被斥责的感觉并不是太好,但我从来没有认为他是在故意刁难我们。我从来不认为他会因为其他的理由而这样做。他这样做,只是为了让我们这个球队步调一致,发挥出最佳的水准。"

第三部分

领导力

/ 第十三章 /

创造使命感

管理和领导的区别是什么？

管理注重结果。你被给予一定的资源——人、财、物——并加以充分利用，以实现预期的结果。管理是可量化、可衡量的，它是一门科学。企业如果能熟练掌握这门科学，就能获得显著优势。

领导则是一门艺术。它是一种秘诀，能使员工在工作上更加投入，加倍努力，视工作为己任，而不仅仅是一份活计。他们会深深地认同自己的工作，而不是耸耸肩说："嘿，我该做的已经做了，行了吗？"

人们只会向管理者汇报工作，但却会追随领导者。

在本书的第二部分，CEO们分享了他们如何成为高效管理者的真知灼见，即充分利用时间，召开有价值的会议以及通过巧妙的面试技巧来招聘优秀人才。同时，他们还分享了如何给予和获取反馈的经验和看法。

在第三部分中，CEO们将谈论他们的领导艺术以及各种策略，这些策略能使员工充分认同自己的工作，使其愿意将精力投入其中，视工作为生活的一部分。有这样一句话："有些人工作是为了活着，而有些人活着是为了工作。"当人们全情投入工作时，工作和生活之间的界限就会消散，因为他们视工作为身份的一部分，而非独立于其之外的东西。

懂得创造使命感的领导者会比其他竞争对手更有可能获得成功，因为他们懂得利用这种额外的能量。

相比其他组织，有些组织中的员工更容易培养出使命感。尤其是许多非营利机构，它们目标清晰，从一开始就能吸引到大量人才。

"我一直在努力的一件事情，就是花大量的时间关注我们机构存在的意义，"盖茨基金会全球健康项目总裁山田忠孝说，"在死亡线上徘徊的婴儿多达九百万，我们的准则就是要让人们从心底里切实感受到这意味着什么——每年死亡的婴儿数量相当于纽约这座城市的人口。数量之庞大，让人难以置信。因此，我在工作时总是带着紧迫感，并努力向我周围的人灌输这种紧迫感。"

"为美国而教"的温迪·科普表示，提升贫民区学校教育质量这一目标吸引了许多求职者。

"在这方面，我们也许比其他组织轻松一些，"她说，"我们寻找这样的求职者，他们被组织的理念、愿景深深吸引，相信有朝一日，我们国家所有的孩子都有机会接受优质的教育。这一点确实会吸引某些人。因此这个目标与他们的关系会更加紧密——这是他们的愿景，而不只是我的。这是我们共同的愿景。"

一旦加入盈利这一动机，培养使命感这项工作就有点动机不纯了。毕竟从某种程度上来说，人们来这里工作是为了给企业所有者创造利润——如果是上市公司，受益的就是股东；如果是私营企业，受益的则是创始人、合伙人或投资者。

如果你要员工们愿意投身比其自身更重要的事业，并愿意为了一个宏伟的目标而努力——无论这个目标是什么——那么领导者的工作就是要设定一个人们能够相信的目标。

"在公司里我们会大力宣传，团队合作是人类最美好的体验之一，"康泰纳零售连锁店的基普·廷德尔说，"你们共同从事伟大的事业，晚上回到家里，回顾这一天你们完成的重大事情，你会感到无比愉悦。这才是人们想要的，聪明睿智的领导者会去了解员工的需要。你我遇到过的糟糕的老板，都不了解人们到底想要什么。"

培养使命感没有统一的方法，但坚定的信念肯定是一个必要因素。因为没有人会追随一个自己都不相信自己的领导者。

以下是CEO们用来创造使命感的各种方法。

崇高的目标

当人们谈到苹果公司时，常说在那里工作的人想要创造改变世界的产品。IBM有一项让人印象深刻的市场营销活动，那就是构建"智慧地球"。Zynga社交游戏公司的使命是"通过游戏联结全世界"。《基业长青》一书的作者吉姆·柯林斯和杰里·波拉斯将这些目标称为"BHAGs"（Big, Hairy, Audacious Goals的英文首字母缩写，意为宏大、刺激、大胆的目标）。

洲际酒店集团的安德鲁·科斯莱特在接手公司时，就制定了一个雄心勃勃的目标。

"我刚到公司的时候,录了一个视频,我说我们要成为世界上最好的公司之一,"科斯莱特说,"不是最优秀的酒店企业——而是要成为世界上最好的公司,这里有几件对我来说很重要的事情,需要我们共同努力才能实现。这段视频在公司内广泛流传,因为它能激励人心,且很有说服力。事实上,大多数人都希望提升自我,不断前行,并取得成功,成为所向披靡的团队中的一员,所以他们喜欢这个视频。"

Alltop网联合创始人兼车库科技创投公司总经理盖伊·川崎是一位企业家,同时也是苹果公司的前高管。他写过几本书,其中一本叫《销售梦想》,是基于他在苹果公司的经历撰写的,讲的是产品宣传。

"从史蒂夫·乔布斯那里我了解到,人类是可以改变世界的,"川崎说,"也许我们没有取得95%的市场份额,但我们能让世界变得更美好。从史蒂夫那里我还学到,有些事情必须要先相信,然后才能实现。这些经验十分有用——与'兢兢业业,埋头苦干'之类的说法完全不同。"

川崎分享了一些关于如何创造使命感的见解。

"使命感的基础,就是要有追求生活意义的渴望——让世界变得更加美好,"他说,"在苹果公司个人电脑产品部门工作的人都相信,通过让人们变得更富创造力且更有效率,我们就能使世界变得更美好。谷歌公司的核心理念大概是相信通过信息的民主化,可以使世界更加美好。所以,一切都是以如何让事情变得有意义这个核心为开端,并最终通过某种实体产品或服务来实现。如何让人们更有创造力,更有效率?如何传播信息?如何给予人们心灵的平静?"

川崎说，并不是只有在苹果或谷歌这样的公司里才能创造出使命感。每一个企业家都能做到。

"关键还是在于你如何看待这件事，对吧？"他说，"我们举一个极端的例子。比如说，你是一个街头食品小贩。你可以觉得你的工作就是去特惠店买便宜的热狗或小面包，再把它们烤一烤卖给顾客，每份挣个一两美元或随便多少钱。但你也可以这么看，你是旧金山市中心的一部分，是城市魅力的一部分，也是旅游区氛围的一部分。我们把浪漫主义的外延扩大了，但从某种程度来说，这都是精神产物，与我们看待事情的角度有关。"

福特汽车公司的艾伦·穆拉利也认为看待事情的角度非常重要，他谈到了之前在波音公司以及如今在福特公司创造使命感的经历。

"你所处的管理职位越高，将组织或项目与外界联系起来的重要性就越大，"穆拉利说。"比如，这与我们正在做的事情有什么关系？真正的目标，真正的使命是什么？你还会思考，我们正在做一番什么样的事业？如何齐心协力制订一个全面的计划，以达成我们想要一起做的事情？接着，你要如何使每个人都参与进来，让大家都做出贡献，让所有人都知道当下的情况？

"我认为最重要的一点就是要就我们试图实现的事情达成共识——无论你是非营利组织还是营利性组织，"穆拉利说，"我们是谁？我们真正的目标是什么？之后要如何将所有人凝聚起来？这样你才会知道自己身处计划的哪一部分，应该在哪些需要特别关注的领域下功夫。如此一来，每个人都有机会参与其中，并体会到参与和做出贡献所带来的成就感。

第三部分　管理人 / 167

"我一直都很幸运,能够成为那些规模宏大的项目中的一员。飞机堪称世界上最复杂精密的设计品,由四百万个零件组成,需要世界各地成千上万人共同参与研制。这一点放在福特公司完整的产品线上也是一样的。

"因此,它们是非常庞大且有说服力的愿景。我发现,最重要的一点是,当大家为现实目标共同努力时,凝聚力越强,目标越崇高,结果就会越好。飞机仅仅是一架飞机吗?它也能是让世界各地的人们坐在一起,使他们发现彼此之间的相似性大于差异性的载体;汽车是仅仅关乎驾驶体验吗?它也能是与安全高效的交通运输,以及你的家人和自由息息相关的产品。因此,口号越大,你描绘的愿景越吸引人,让所有人参与进来的可能性就会越大。"

为了进一步说明这一点,穆拉利讲了彼得·德鲁克那个著名的石匠故事。

"我最喜欢的故事之一是这样一则寓言:一个记者在建筑工地上采访三位砌砖工人。他问第一个砌砖工人,'你在干什么?'对方说,'嗯,我在砌砖挣钱呢。'记者说,'哦,太棒了。这是一件非常高尚的事情。'

"他问第二个砌砖工人,'你在干什么?'对方说,'嗯,我正在练习砌砖手艺,我会成为最好的砌砖匠。'记者问第三个砌砖工人,'你在干什么?'对方回答,'我正在建一座大教堂。'

"我们有娴熟的技能和职业素养,但我们都希望能为修建一座大教堂做出贡献,"穆拉利说,"我认为,越是能体悟到这一点,越了解自己的作用,你就越有可能将团队表现提升到一个卓越的水平。"

竞争

显然，人们都喜欢竞争，因此另一种发挥员工集体能量的方式，就是设立一个明确的记分牌，用来和竞争对手的业绩做对比，并在团队获胜的时候给予奖励。

美国大陆航空公司前CEO戈登·贝休恩就采用了这一策略使员工们团结起来，帮助这家饱受困扰的航空公司起死回生。他希望大陆航空公司在提供干净、可靠、安全的运输服务上能享有杰出的声誉。贝休恩告诉所有员工，他们将依据重点业务，与其他航空公司进行对比，来制订衡量成功的主要标准。他说，如果他们击败了竞争对手，就能节省资金，公司会把节省出来的资金拨出一部分与员工分享。

"我拥有一个1200英亩的大农场，里面有一个70英亩的湖泊，"贝休恩解释了他如何激励员工为了一个共同的目标奋斗，"这当然很棒。但你可知道，尽管我拥有这一切，但我钓鱼的时候仍然要用鱼饵吗？你能相信吗？关键在于鱼儿也需要东西吸引，我必须知道它们喜欢什么。所以，如果我能充分了解那些鱼和它们的喜好，也许它们就会更容易上钩，并带给我一些快乐。

"因此，当你对四万名员工说'我们要获得成功'时，你是怎样界定的？你如何衡量成功？如果你取得了成功，他们能得到什么？事情的结果又会如何呢？他们为什么要在意CEO的成功或者公司的成功？所以你必须给成功下定义。显然，这意味着一定要有可以衡量且所有人都能理解的目标，接着你就要开始制定战略，明确如何获得成功,如何让人人都成为赢家。所以,在大陆航空公司,我们会说,'是的,我们要取得胜利,而且我们把胜利定义为,不仅仅要生存,而且要超越竞争对手。'

"我之所以是一个成功的CEO,是因为人们认为盈利就是成功。成功是由我们的客户来定义的,即让他们连同他们的行李一起安全、准时地抵达目的地。很简单的标准吧?当你开始日复一日让人们安全、准时地连同行李一起到达目的地时,你就会把那些优质客户逐渐从你的竞争对手那里争取过来。客户会认可我们的价值。所以很自然地,我们会获得加薪,因为我们已经挣到了一些钱。我们能准点到达。我们设置了一个准点奖金,同时还会与员工们分享利润——税前收入的15%会分配给员工。突然间,我们意识到,胜利的定义在投资者眼里就是挣钱,在客户眼中就是能准时抵达目的地。要么共赢,要么谁也赢不了。这在所有团队运动中都是适用的。于是,所有的钩心斗角开始消失,一切关于有限的预算资源的争夺统统消失。"

创建团队合作意识,还可以通过更巧妙的方式来进行。

哈佛大学校长德鲁·福斯特说,关于如何创造使命感,让大家能将大学的整体目标置于学院各自的目标之上,她收获了一些很不错的建议。这些见解来自哈佛商学院教授迈克尔·E.波特。

"我邀请他来主持我就任校长后的第一次学院院长会议,"她说,"我告诉他,我的目标之一就是要建立更具凝聚力、更加一体化的哈佛大学,使之真正成为'一所完整的大学',并协助这些院长帮我贯彻这一理念。于是我们谈到了他在会上可能要做的事——强调我的目标,使我能够推动学院院长们作为一个团队,共同朝这个目标努力。

"他对院长团队提出的一个问题令我印象深刻。他问每个学院的院长，'身为哈佛大学的一员给了你什么样的独特优势？'他的意思是，脱离了哈佛大学，如果你是在哈佛法学院或者哈佛医学院，你能够让学院像现在的医学院或者法学院一样好吗？——换言之，你要更好地履行院长一职，更好地实现个人抱负——因为你是哈佛大学这个大集体的一员。

"这个问题直击我想要实现的目标，因为它不仅能让院长们将自身利益与更高的大学目标相结合，还能让他们深入思考，如何才能共同努力，让各学院凝聚成一个整体，从而让每个学院在思考自身的运营时也会考虑到学校利益。"

沟通就是领导力

一旦你确立了组织的使命，就必须不厌其烦地重复提起它。CEO们说他们已经认识到，这么做十分必要，这样才能使他们想要传递的信息真正起作用，即使他们觉得已经把这句话重复了许多次。在你第一次说出它的时候，并不是所有人都会听到，就算他们听到了，也可能会有不同的理解。

这里，德鲁·福斯特还有话要说：

"我学到的经验与沟通有关。有人说，'你从来没谈过某某事情，'我会说，'我已经在这里，这里，还有这里谈过了。我一直都在谈论这件事。'然后我意识到这种'一直'是不够的。你强调这件事的频率必须比'一直'还要频繁。作为一名学者，你肯定不想重复自己的话。你要做的就是说一遍,然后把它发表出来,之后便不再重复。如果有人来提交一篇早已发表过的学术论文,那就太糟了。但作为一名大学校长,你必须反复重申同样的事情。这是非常重要的。"

通用汽车公司的苏珊·多彻蒂也阐述了类似的观点:

"无论你的团队是大是小,沟通都是非常重要的。沟通需要简洁、持续。即使你对传递某条信息感到厌倦,你还是要一遍又一遍地重复它。因为每个人会从不同层次解读你说的话,每个人都有不同的角度和不同的经验。不同的人对同一句话会有不同的理解。对于一些非常关键的信息,人们需要消化,使之变成自己的东西。当他们这么做的时候,你就会发现自己是一个高效的领导者,因为你会听到他们在说你传递的话。"

许多CEO都赞同这一点——坚持不懈的沟通是十分必要的。没有沟通,员工们就会自己脑补空白,做出错误的假设。

康泰纳零售连锁店的高管们将这一理念又向前推进了一步。他们的核心原则之一便是,沟通不仅仅是领导力的工具,还是领导力本身:信息的分享有助于创造使命感。

"我们认为,应该时时刻刻、不厌其烦地就每件事情与每位员工沟通,而且我们非常坦诚,"基普·廷德尔说,"我们分享所有事情,并愿意使信息透明化。我们认为,没有任何理由向员工隐瞒信息,除了员工的个人薪资。我一直十分重视将我在董事会上陈述的内容原原本本地告诉员工,这样信息就能传递给公司里的每个人。我知道,一些信息偶尔会落入本不该了解它的人手里,但为了让员工们知道他们可以了解所有事情,这点儿代价是相当小的。"

选民和志愿者

近几十年来，雇主与雇员间的根本关系已经被重新定义，尤其是在大型公司当中。

这些公司曾奖励员工长期为其工作，这种家长式的组织管理赢得了员工们的忠诚。所以，人们会更容易信任一个组织，如果它真的在乎你，就会像通用汽车（General Motors）之前做的那样——当年它提供的近乎奢华的健康保险和退休福利，为其赢得了"慷慨汽车"（Generous Motors）的称号。

当然，终身雇佣制如今已是极为少见。人们也变得更愿意流动。他们并不希望终其一生只为一家公司效力。他们更愿意视自己为自由人士，到可以获得认可和赞赏，并能成长和学习的地方去。因此一些CEO认为，要赢得员工的忠诚，不能仅仅通过薪金，还要像对待选民或志愿者一样对待员工。

"我们经常谈论执行力及其重要性，"施乐公司的前CEO安妮·马尔卡希说，"但事实上，我觉得这与追随力的关系更大一些——你的员工们都是志愿者，如果他们不相信你的话，他们就会选择观望。这对一个大公司来说是极为不利的。因此，创造追随力就成了你作为领导要做的最重要的事。"

具体该怎么做呢？

"最根本的还是沟通，你要具备走到员工们身边讲故事的能力，"她说，"员工们必须相信你讲的故事，他们才能对公司的发展方向充满热情，你完全有希望做到这一点，只要你能表述清晰、化繁为简，员工们就会鼓足干劲，做出改变。没有什么能比让员工感觉到自己能够施加影响并做出改变更有说服力的了。当你能做到这一点时，我认为这就是一个强有力的实施变革的方式。"

美国家庭人寿保险公司的丹·阿莫斯说，他认为领导力更像是一种政治活动，要像争取选民一样赢得员工的支持。

"在企业里，你要把员工当作选民对待，"他说，"这并不意味着要让每个人都选你。但你要展现亲和力，与他们握手，说你非常感谢他们，并希望他们能支持你。你也可以当一个独裁者，但从长远来看，我不确定大部分这样的人能取得成功。我认为，相比于发号施令，如果你能创造愿景，并让员工们自愿追随这一愿景，你会更加成功。所以我更倾向于像政治家一样管理公司，而不是当一个只会开空头支票的领导者。"

符号的意义

一些公司会印制钱包大小的薄膜卡片，上面附有公司的核心价值理念。其目的就是不断提醒员工公司的使命以及奋斗目标。有些人也许会对这种卡片不屑一顾，觉得十分愚蠢，但许多CEO表示，他们发现这类符号有助于他们清晰透彻地传达信息。

韦莱集团控股公司的约瑟夫·普卢梅里谈到，在接管公司时，他曾经采用过的一个小点子——他承认这点子有点儿过时——能将员工们团结起来。

"加入韦莱集团之前，我从来没有在美国以外工作的经验，"他说，"韦莱是世界上最古老的保险经纪公司，从未被英国人以外的人入主。这时普卢梅里出现了。我不仅不是英国人，而且与英国一点儿关系也没有——我是一个来自美国新泽西州的意大利人，接手公司的时候，他们都叫我'方奇'（意大利人名Fonzie，美剧《欢乐时光》中的角色）。因此我必须让这些员工都兴奋起来。在这里，人们谈论昨天比谈论明天更多，回顾多于畅想。你要尝试去颠覆这一切。于是有一回在新泽西州普莱恩菲尔德的一家小餐馆用餐时，我画了一面小旗，并加上了'韦莱'字样。

"我做出这个小东西，只是为了让他们思考其中的含义，每个人都将在衣襟前别上一个徽章，以表明他们是公司的一部分。所以，如果我在新泽西有一位客户，但他在意大利需要帮助，那么由于我们有这个统一标识，我们的员工就可以去意大利帮他们，而不是拘泥于自己的一亩三分地。我发现在大公司经常有这种'封地现象'，因此你必须去打破它。如果你不去打破这种现象，那么你得到的只不过是一个各国办事机构和员工的联合体，你永远也不会变得真正强大。

"于是我分发了这些徽章。在美国，每个人都戴过这样的徽章。但在其他许多国家，没人戴过这东西。他们觉得我是疯子。但就在他们认为我疯了的过程中，公司还是朝着一体化方向发展起来。我曾经在伦敦召开全体员工大会，在会上提到了'统一标识'，并且表示'统一标识'是一种手段。我说我想让公司做到全球化服务——人们在利用当地资源完成本职工作的同时，还能够共享全球资源。我为了这些徽章大费周折，而会议室里的人们则议论纷纷。在他们眼里，伦敦的这场会议就是一个愚蠢的意大利裔美国人在鼓吹这些徽章。但在这之后，公司开始发展得越来越好。我们的公司上市了，且运营情况良好。于是，人们戴上这些徽章不再是为了好玩，而是为了证明，'我在韦莱集团工作'。

"你必须要去尝试做一些事情。我真心认为，尽管徽章这东西听上去有些做作，但你毕竟是在与人打交道。我不在乎他们是获得了十个学位还是一个学位也没有，我只知道他们想要兴奋起来。这些都是老生常谈，但我始终认为，做一些引人关注的事情是非常好的，因为绝大多数人都喜欢这样的东西。我觉得，比起沉闷的公司，他们更愿意待在一个令人兴奋的公司里。所以，如果你想做一些惊人的壮举或者能够激励员工的事情，结果却失败了，这也算是一次很好的尝试。至少你尝试过了。"

/ 第十四章 /

小举动，大回报

我的第一份工作始于1991年，那时我是《纽约时报》底特律办事处的自由记者，负责汽车行业的报道。我放弃了另一份薪资更高且福利也更好的工作机会——在一家中型报社担任商业编辑。为了到《纽约时报》工作，我们举家搬到了底特律。数月之后，我接到了一家竞争对手报社的电话。当时我29岁，已婚，有一个1岁的女儿，我自然很想找一份全职工作。我参加了那家报社的面试，他们给我提供了一份工作。但我的目标是成为《纽约时报》的正式职员，而《纽约时报》为了反击竞争对手，正式录用我为纽约总部的初级记者。这让我欣喜若狂。

但那时最令我记忆犹新的一件事，是我收到了《纽约时报》总编辑助理约翰·M.李的一张小纸条。在《纽约时报》同意雇用我为正式职员后，他匆匆写下了这张纸条。

"快点儿回来，"上面写道。"我们需要你。"

这大概只花了他不到一分钟的时间，但在我离开底特律前的最后几个星期里,这张纸条一直被我钉在办公桌旁的墙上,后来我把纸条带到了纽约。那是我压力巨大的一段时光——在大约8个月的时间里,由于政府削减预算,我妻子失去了在纽约的教师工作,我们举家搬回底特律,我们的女儿似乎出现了一些令人担忧的健康问题(后来发现什么事都没有),然后我们又搬回了纽约。

在那段风雨飘摇的日子里,约翰的那句话——"快点儿回来。我们需要你。"——就像是一剂强心针。

每当我作为执行主编分享经历时,我常常会提及他那张纸条,以此告诉人们,一个小小的举动,或一段短暂的时间投入,也许会带来无尽的回报。多年以后,每当人们想起这些举动,会产生强烈的忠诚感和责任感。(这些年来,我见到了许多贴在办公间里的纸条,上面潦草地写着各种各样老板们鼓励的评语,都是对出色完成工作的赞赏。)我心里很清楚,只要是约翰·李的要求,我就会全力以赴。

在上一章里,高管们分享了关于如何赢得员工们的支持,并为他们创造清晰的使命方面的见解。

如果说公司运营类似于政治活动,那么关于公司使命的讨论就像是选举前的巡回演说,用话语激励人群,并让他们说:"好,我相信你,我投你一票。"

然而,政治家们小心翼翼、挨家挨户地拜访和握手是有原因的:为了建立个人层面的联系。这样也许不是特别有效率,但他们还是这么做了,因为他们知道,姿态非常重要,他们还知道,这些选民以后会成为候选人的大使,为他们投票。

管理者们日理万机，很容易只把注意力放在重大优先事项或处理电子邮件上。但许多CEO表示，他们会为一些小举动留出时间——写张便条，打个电话，抑或花点时间到别的办公室串个门聊聊天——因为他们清楚地知道这些举动的力量。

如果说企业运营情况的衡量指标是投资回报率，那么几乎没有什么能比得上小小的举动带来的效益。这种效益堪称巨大。

戈登·贝休恩说，在经营美国大陆航空公司时，他总会顺道去机场的休息室和员工们聊聊天。

"我的日程安排往往很紧凑，但如果我要乘坐两点钟的航班，那我到达机场的时间几乎从不晚于12点半，"他说，"我会花一小时的时间到乘务员室去看看，或者四处走走。于是我遇见了许多人，自己也为人所熟识。当你真的花时间到员工的办公室去当面感谢他们时，无论他们的办公地点是驾驶舱还是楼下的休息室，这都体现了你对他们的真切关注。你是真的关心他们，才会去感谢他们。如果你关心他们，却不表现出来，那就跟漠不关心毫无区别。你需要花时间向包括二等舱行李搬运员在内的员工们证明，你是关心他们的。所以我愿意这样安排时间。

"你知道吗？有一回圣诞节，我听到了最棒的赞美。每逢节假日，我都会去机场。我要去那里感谢员工们为了工作而放弃了节假日，然后我们会一起下楼到休息室。我一直都是在休息室里用餐，那里有免费食物。那一回，我正准备坐到大大的长桌前，有两名员工也在那儿，我问，'这里有人坐吗？'只见其中一人对另一人说，'我跟你说了他会来这儿吧。给我十块钱。'他用十美元和那人赌我一定会来。

"所以,无论你要去哪里,顺道去休息室跟员工们打个招呼会很吃力吗?当然不会。这么做有什么潜在的回报吗?回报是无限的。你的会计师也许无法参透其中的关联,但如果你知道自己在做什么,你就会明白必须进行一些投资。你的工作就是为股东们在市场上尽可能多地赚钱。要做到这一点,你就得投资,投资的关键就在于你本人。你要天天如此。如果这点儿代价都不愿付出,你就会变得平庸,并且有可能被你的竞争对手击败。"

职业教育公司的加里·麦卡洛分享了他在军队中的经历,并讲述了小小的举动是如何影响了他的领导风格。

"我想我是在军队任职初期学到了关于领导力最关键的一课,即小举动或小事情的重要性,"麦卡洛说,"我认为,随着你的地位越来越高,那些小举动、小事情有时会变得比大举动、大事情更重要。例如像说'请'和'谢谢'这样待人应有的基本礼貌用语,或者为别人送上亲笔所写的纸条,诸如此类的小事。

"我永远不会忘记和我们师长进行的一次交流,那时我还是一名排长,"他说,"我们在北卡罗来纳州的布拉格堡,天气很糟糕。当时是2月,北卡罗来纳州的天气没有你想的那么暖和。雨已经下了一周了,师长到营地来视察。他走向我们排的一名汽车司机,问他对于正在进行的演习有什么想法。年轻的士兵回答,'长官,我觉得糟透了。'那一刻,我感觉自己短暂的从军生涯在眼前一晃而逝。

"师长问及原因,士兵说,'有人觉得这样的天气最适合进行步兵演练。我个人认为华氏75度且少云的天气更合适。'师长问,

'为了让你感觉好点儿,我该怎么做?'士兵回答,'长官,只要有巧克力棒就行了。'于是几天后,我们还在恶劣天气中行进的时候,这个士兵收到了一个盒子。盒子里装了38条巧克力棒,正是我们排的总人数。里面还有一张师长亲手写的纸条,上面写着,'我无法改变天气,但我希望这个巧克力棒能让你心情愉快,请和你的同伴们一起分享。'那一天,那一刻,我们愿意追随这位师长去往任何地方。这是一件很小的事情,他本不需要这么做,他的举动给我留下了深刻印象,让我明白就算是细微的举动,也是极其有价值的。

"关心员工个人生活也会大有益处。在我现在任职的公司里,有一位比我低几个层级的女士,得知她的父亲去世后,我马上给她发信息:'听到这个消息我很难过。如果我或者公司能为你做点儿什么,请告诉我。'但时至今日——已经两年了——她还会回想起这件事。再重申一遍,她在公司里比我低好几个层级,但很明显她一直非常支持我们公司的工作。我认为自己在那一天获得了一位粉丝,不是因为那是我的目标,而是因为我适时的关怀。"

对圆满完成的工作给予认可也能带来非常大的影响。韦莱集团控股公司的约瑟夫·普卢梅里说,他会花大量的时间来确保员工们的努力都得到了认可。

"我一直认为,在人员管理这件事上,只要你能激励员工们继续做得更好,你就会越来越优秀,永无止境,"普卢梅里说,"机器的寿命有限,之后你就得扔掉它,换一台新的。但对于人而言,只要你愿意花心思,你就可以不断让他们变得更优秀,还可以让他们兴奋起来,同时营造出良好的工作环境。我所学到的是,认同感——例如拍拍某人的后背——无论在日本、德国还是得克萨斯州都同样有效。从来没有人对我说，不要再祝贺了，不要再这么热情了。这是一种通用的语言。我认为这非常重要。我会去和每位员工拍照，把照片送给他们，并附上简短的赠言。公司很大，但我们做了许多这样的事情，因为我真的相信，这样的小事能够激励每位员工。处于我这个位置的人一定不要忘记，只要工作成果获得认可，员工们就会兴奋起来，这并不总与金钱有关。"

"许多人问我，'你是如何支配时间的？'我告诉他们，我25%到30%的时间都在给我的同事打电话。我手下有一组人马，他们负责向我通报员工们的情况，如果谁的家里出了事情，或亲朋好友病故，又或是做成了一大笔交易，引进了一位新客户，或挽留了一位客户，我就会给他们打电话。一个两三分钟的电话或手写的便条，这些事情的重要性不言而喻，我相信这一点。"

齐格网的丹·罗森维格表示，一句简单的"谢谢"也会大有助益。

"我会在我经营或工作的公司里花大量时间弄清楚公司有哪些明星员工，而不是强迫他们发电子邮件过来，或者让他们亲自登门夸耀自己，这会令他们很不舒服，"他说，"我会打电话给他们说，'你好，我知道你是一位明星员工，你的工作很出色，这几件事是你做的吧。我知道你在全力以赴地工作。我只想对你说一声谢谢，并让你知道，如果你认为我们需要做什么事情，请不吝赐教。'我做了许多这样的事情，因为我了解这么做的价值。我听说员工们也赞同这种做法，因为这样他们就可以专注于工作，而不必担心自己的工作是否受到关注。"

百胜餐饮集团的戴维·诺瓦克讲述了一个关于软盘鸡的故事，以及认可的重要性。

"我们的企业文化是基于这样一种理念，即人们天生需要他人的认可，这一点适用于所有人，"诺瓦克说，"对认可的运用，是建立高活力、高趣味的企业文化，以及强化以结果为导向的最好方式。我们的文化之所以独特，是因为通过认可他人，我们获得了大量的乐趣和积极的能量。让我来告诉你我是怎么做到的。当我负责运营百事可乐的时候，我时常出差在外，我会在早晨六点钟与销售代表们开圆桌会议。当时是在圣路易斯，我正在向每个人询问销售情况。谁的销售业绩最好？最近我们与客户的关系如何？然后，所有人开始谈论一个叫鲍勃的家伙。鲍勃当时坐在桌子尾端，只听他们说，'鲍勃教给我关于销售的知识比公司其他人都要多。有一回坐车跟他一起出去，在那三个小时里，我从他身上学到的东西比在公司的头四年加起来还要多。'他们对鲍勃赞不绝口，鲍勃却坐在桌子尽头哭了起来。我就问，'鲍勃，你为什么哭啊？'他说，'因为我已经在这个公司待了42年了。下周我就要退休了，我从来不知道大家是这样看待我的。'这是他第一次听到有人夸他这么棒。

"因此我对自己说，如果以后我能够独当一面，领导一家公司，我就要把认可他人作为最有价值的事情来做。因为对人们来说，最糟糕的事情就是努力工作却得不到赏识。当我成为肯德基的总裁时，我想在这方面做出突破。因此我开始赠送这些被称为'软盘鸡'的橡胶鸡玩偶。我走进一家肯德基门店，见到一位在那里工作了25年的厨师，他烹饪出的食品很棒。于是我赠给他一只软盘鸡。我会在上面留言,并与他合影,告诉他这张照片将摆在我的办公室里,同时我也会给他留一张。然后我会给他一百美元,因为这只软盘鸡是不能吃的。这简直让人难以置信。在场的人都惊呆了,因为这个体验是如此不同。从来没有一位总裁能以这么有趣的方式来给予员工认可,我发现人们真的很喜欢这种方式。

"后来我成了必胜客的总裁,之后,我们从百事公司独立出来,我当上了这家公司的负责人,'认可'二字成了我们公司的重要价值观。我发现,认可是无处不在的。我们公司的每位领导者都有各自独特的认可奖励。我不再赠送'软盘鸡',那是属于肯德基的奖励。现在我会送上带支架的微笑大牙齿,以表彰那些身体力行为客户着想的员工。我还为我们的三个主要品牌捐赠了300美元。这在各处都行之有效。但更重要的是,我们公司的每位领导都能各自颁发关于工作认可的奖励。塔可钟(Taco Bell)的总裁可以颁发'酱包奖',必胜客的总裁可以颁发'奶酪头奖'。市场开发部的人可以为新餐厅开业颁发'铁锹奖'。但每个人都有各自独特的认可奖励。如果你是来自阿肯色州的加盟商,可以颁发'野猪队帽子奖'。这在任何场合都非常奏效。我去中国的时候,给某位餐厅经理颁发了百胜奖。我们的运营团队中有人去了中国,她问那位经理,能不能给她看看那个百胜奖。对方说,'不行。'她问,'你说不行是什么意思?'对方回答说,'百胜奖被锁在我父亲的保险箱里面了。'

"现在,我办公室的四面墙壁上,挂满了我与世界各地被授予奖项者的合影照片。以前我当肯德基、必胜客的总经理时,他们手里捧着的是软盘鸡、奶酪头,不过,现在都是百胜奖了。人们问我,'如果你的墙上都挂满了，那怎么办？'我说，'那我就把新照片挂在天花板上。'当人们从世界各地来到我这里，他们都希望到我的办公室看看。这里象征着我们企业最重要的组成部分，即员工。"

诺瓦克随后还解释了他是如何确保那些该受到嘉奖和肯定的人得到了应有的认可。

"我认为，在认可的过程中，有两件事情是非常重要的，"他说，"第一，它需要当之无愧；第二，它需要发自内心。所以我觉得，领导者所要做的，就是去认可那些表现非常好的员工。对于他们来说，'认可'这件事，做多少次都不为过。为什么要在这件大家都很关心的事情上如此吝惜你的赞美呢？员工离开公司，无外乎两个原因：其一，他们没有获得认可；其二，他们与老板的关系处得不好。只要员工们付出了努力，实现了目标，我们就应该去认可这件事情。如果你力求达成某件事情，那么就更应该去认可。我把它称作领导者的特权。领导者的特权，就是去认可为你完成工作的员工。"

这些小举动同样可以帮助化解一些尴尬的情况。美国梅西百货公司的特里·兰格伦讲述了一小段路上的绕行如何为一场困难的会议定下了更具建设性基调的故事。

"当我们宣布，我们公司收购了五月公司（May Company）的时候，我去访问了该公司的所有大区分部，"他说，"我还记得第一批访问的分部中有一家公司。这个分店显然是会被关掉的，因为我们有一个大的梅西总部设在加州旧金山，而他们的办公室位于洛杉矶。我们在加州只会设一个总部办公室，因此他们非常紧张。于是我带上几位高管，准备在希尔顿酒店吃一顿奇特的午餐。在从机场开车去酒店的路上,我们路过一家In-N-Out汉堡店(美国西南部著名汉堡连锁店),我说,'停车,调转方向开回去,我们给每个人都带一个双层汉堡吧,有些人可能会要两个。'这是全美最好吃的双层汉堡。于是我带着三十个双层汉堡和大份炸薯条来到了会场。我走进会场说,'你知道的,我只是觉得大家对这次会议会感到有些紧张。我也是刚刚才到加利福尼亚州。我足足有六个月没吃过双层汉堡了,我想吃一个。但我想,如果没给大家都分一个的话,肯定显得我很不礼貌。'人们开始笑着鼓起掌来。参会者都来自加州南部,他们都知道这家汉堡店,这就成了打破沉闷气氛的开端。我们坐下来,吃着这些汉堡包,开始了我们的对话。事实证明,这是我们开过的最成功的会议。他们之前一直以为,这场会议会开得剑拔弩张,所以我认为,打破这些心理障碍,才是最重要的事情。"

/ 第十五章 /

转型

要走进拐角办公室,需要有雄心壮志、紧迫感和坚定的决心。要想出人头地,你就必须比别人做更多的工作——而且要更好更快。具备一些A型性格的典型特征确实更有助于实现这一点。

但是,一旦赢得了最高的职位,许多CEO都表示,他们需要学会放慢步调,多多聆听,避免主导所有的谈话和会议。这对CEO来说是最难平衡的事情之一。虽然他的工作就是要在组织里创造一种紧迫感,以领先于竞争对手,但他自己却必须慢下来——要表现得更像是B型性格特征——给周围的人以最大的空间去发挥能力。他需要暗示下属他们的意见很重要(即使CEO认为自己已经知道了答案),要偶尔允许下属们自己去试错,并从中吸取经验教训,要学会控制他那事必躬亲的性格,以便让其他人也能提升领导力,同时他还需略做收敛,以免将员工们管得太紧,令他们倍感压力。

对于首次担任管理者或CEO的人来说,道理也是一样的——你必须学会驾驭那些辅助你登上现在这个岗位的技巧和本能,并在每次有新情况出现的时候问自己:"我在这里是负责什么的?为了获得更好的结果,我现在应该怎么做才最有效?"

几位高管分享了他们努力完成这种艰难转型的经历,颇具启发性和教育意义。在许多情况下,这些教训是来之不易的,因为这要求他们远离之前最为擅长的事情——那些实际工作——而将其交给别人来做。

微软公司的史蒂夫·鲍尔默以其旺盛的精力和鲜明的个性,成为美国企业中的传奇。他说,作为一名领导者,他的目标之一就是要学会放慢步调。

"我转得太快,"他说,"我的大脑转得太快了,所以即使听明白了某人说的每句话,除非你表明已经理解了这句话,否则对方还是认为自己的话没有被当回事。有时候,我确实没有在听,是因为我的大脑在飞速运转。这就是我大脑的工作方式。我的思维在不停跳跃。因此,如果你真想让员工们发挥出最大潜力,你就必须真正去聆听他们,让他们感觉到你是真的理解了他们的话。所以我要学会慢下来,在这方面努力改进,这样既能提升自己,也可以令我周围的人变得更优秀。"

* * *

千禧国际集团的德博拉·邓西尔分享了她学习如何走出自己设置的沙坑的经历。

"当你拼命想做好一件事时——而我正是一个很典型的努力把事情做好的人——提升自我,把工作做好,对我而言非常重要,"邓西尔说，"有时候，我内心的这种渴望会使我在领导方面做得过头，如果某件事出了问题，我就觉得我应该亲自解决。当我一步步迈出我的舒适区，走到现在的岗位上，能够掌握公司全局时，我必须把更多的精力放在领导力上，而不是放在解决细节问题上。有时候，如果事情进展不顺利，我会认为我应该亲自去参与，从某种程度上说，这是在重复我下属的工作。我必须学会远离此类事情，并问问自己有什么事情是只有我才能做的。把重点放在领导力上，意味着你要问自己以下问题，'我能补充些什么？我能给他提供什么样的资源，而这个资源是他凭一己之力无法获得的？'例如职能部门之间的整合，这正是我可以提供的资源。

"我曾经学到了这样一课，有一个人礼貌地给我提供了一个比较直接但语气温和的反馈：'你正待在我的沙坑里，如果你我都在这个沙坑里是做不成太多事情的。'这句话对我的帮助非常大。接着我又听到了团队成员们的反馈，'唉，有些时候我们知道你很擅长这件事，而且做得很好，但有时我们需要更多的亲自去尝试的机会，而不是让你代劳。'因此，我学会了在适当的情况下放手并且在合适时候允许他们犯错。如果是给董事长做报告的时候，自然不能出差错，但在一个更为安全的场合下，你应该允许他们展示能让你清楚看出缺陷的工作成果，因为你比他们更有经验，他们可以从你的指点中学到东西。当我对自己的领导力更有信心的时候，我就这样做了，并且屡试不爽。我学会了避免这样一种情况，即所有事情都要按我的思路去做得尽善尽美，这样我才会觉得自己是一个好的领导者。此外，随着我的成长，我愈发明白了，所谓领导，就是要使员工们得到发展，而这就意味着不能将所有事情都替他们包办,而是要时不时地让他们自己去试错。我是一位母亲,母亲对待孩子也是如此。"

邓西尔还讲述了她是如何学会在会议上克制自己的。

"优势发展到了极致,就会变成劣势,对吧?所以你必须有效地管理自己的优势,"她说,"我有一个遗传自我父亲的优点——他过去常常在餐桌上展开辩论,作为娱乐活动。他的立场总是能激怒我,由此与我进行一场辩论,例如共产主义是否是世界发展的正确答案。辩题很有可能与我所了解的他的信仰完全对立,但他还是会选择它,而我也会乖乖地中计。他教我如何就某个立场进行辩论,然后我们就着手尝试;他还教我如何在辩论中取胜,要坚持不懈地提出论据,直到让对手毫无回旋余地。这有助于让你变得善于分析、富有逻辑、表述清晰且简练,这些都是你的优势。然而,当你与人打交道的时候,尤其是一个职位比你低的人正在向你陈述一个观点时,如果他的逻辑有缺陷,相信我,我会当面指出来。作为同级之间的对话,这已经够糟糕的了。当你的级别高而对方的级别较低的时候,这样做就不合适了,因为这会扼杀那个人的辩论能力。我得到的反馈是,我就像一台激光器——将激光径直照射在论据的缺陷上,直接把它们剥离,这让人很不舒服。因此我学会了用一种不同的方式来提问。有一回,对方的逻辑缺陷实在是太严重了,但我只是说,'也许现在时机还不成熟。我们先看看另外一两件事吧,然后根据紧迫程度,下周或者改天再讨论它。'接着,我会和那个人的上级私下沟通,把这件事挪到会议外讨论,因为我最不愿意做的就是摧毁一个人的信心。我认为,好争辩的这种性格更适合展现在刑事法庭上,而不是商业会议上。具备辩论能力没什么不好，关键是如何在特定的场合下掌控这种能力。"

福特汽车公司的艾伦·穆拉利说，当他第一次在波音公司成为经理时，他学到了关于适当放权的重要一课。

"我还记得，当时我被提升为主管，"他说，"我原来是一名工程师，现在我要去管理一群工程师。这与当时的一个飞机生产计划有关。整件事将是令人兴奋和充满乐趣的。因此我对主管这份工作有了自己的想法。当时，我手下的一名工程师正在筹备工作，需要我签字批准。我觉得这件事非常重要，可以体现出我的质量把控水平，因此我协助他完成了这项工作。在他的协调草案做到第十四稿后，他走进我的办公室，提出了辞职。我问，'你为什么要辞职？'他说，'嗯，我认为你是一位很棒的工程师，我想有一天你会成为一名优秀的主管。但是眼下你管得太紧了，我受不了。'

"这个教训非常宝贵，"穆拉利说，"我思考了这件事发生的原因，很快意识到，我真正需要做的，是将一群有才华的人联合起来，去实现一个更大的目标，完成一个更大的项目，甚至帮他们取得进步并做出更大的贡献。这与我先前希望成为一名优秀的工程师时所面临的要求完全不同。所以，从某种程度上说，早期经验一直伴随着我，让我明白了当主管意味着什么，管理和领导又意味着什么。"

许多高管表示，他们最大的挑战之一就是要学会多去聆听。

"这些年来，我一直专注于真正地去聆听，"奎斯特通讯公司的特里萨·泰勒说，"我说这话的意思是，有时人们表现得像是在聆听，其实脑袋里全是自己的想法。我试着站在别人的立场上，找出能够激励他们的因素，以及他们处于现在这个境况的原因。"

泰勒说,她在经历了许多事情后才学到了这一点。

"总的来说,在我的整个职业生涯中,我从人们那儿得到的反馈通常是:'你不是一个很好的听众'"她说,"我觉得自己是很好的听众,但所有人都告诉我并非如此。所以,即使是在早些年,我也花了许多时间管住自己的嘴,告诉自己要慢下来,倾听别人的发言。

"21年前,我加入奎斯特,来到这家大公司工作,我们每半年会做一次绩效评估,年底你会得到一个评分。大概就是从那时开始,有人在评估报告上写下,或是在评估表上勾出这样的意见,'需要学会倾听'。当时我觉得自己懂的更多,于是就把这件事整整忽略了五年,并对自己说,'嗯,我知道自己在做什么。'但是,随着你的职责加重,要负责的部门、员工、大型项目和大型预算越来越多,你就要开始重视这件事。"

"当你的团队规模较小时,你还能亲力亲为,自己去做许多工作。但当到了某个阶段,当部门具备一定规模后,我已无法仅凭一己之力把所有的工作都完成,否则我就必须一周七天一天24小时全天候工作,这无异于自杀;当我只有通过对员工施加影响才能完成工作时,当我到达了一定的管理层级时,我就必须后退一步,对自己说:'好吧,我一个人是不行的。我没法独自完成。我熬不住了。我周末和晚上都要加班,拼命地工作,但我们却没有任何进展,也没有取得任何成果。'

"如果别人完成的工作与我预期的不符,我就会亲力亲为,自己再做一遍。我会在周末把工作改好,然后对他们说:'看,这样做更好。'在我的职业生涯早期,我的处事方式就是'照我说的做'。

这种方式刚开始是成功的，我一直因此而受到嘉奖。但后来你接手了更重要的工作和职责，然后到了某个阶段，你的工作变得十分艰巨，原来那种方法就不管用了。你能够做到目前的职位，是因为你行动迅速，能快速地做出决策和评估，因此你获得了奖赏。你达成了目的，实现了目标，并圆满完成了各项任务，你就会接手更重要的工作，然后一切继续。接着，到了某个层面，你将无法顾及所有的工作，没有为什么，你就是做不到。这完全是不可能的事情，因为这些工作规模庞大，且十分复杂。于是你对自己说，'我必须确保每个岗位上都有合适的人，并且他们都匹配了正确的激励方式，而我需要做的就是听取他们的思路。'否则，你就会处于这样一个境地，你得到的所有信息都是被过滤了的。因此你必须深入了解情况，而深入了解的唯一办法就是去倾听。必须让人们相信你是愿意倾听的。否则，你就会被公司的'现状'所蒙蔽——一切正常，不用担心。"

与鲍尔默一样，韦莱集团控股公司的约瑟夫·普卢梅里也是一位很有个性的人。他讲述了自己是如何领会到，领导别人并不是一味地试图激励他们、给他们打气就可以的。

"在我成长的过程中，有不少榜样——包括我的父亲——他们都是个性非常强的人，"普卢梅里说，"这是一件好事，因为如果你在具有强烈信念的人的教导下成长，你会变得更加坚强。之后再加入自己的个性，对我而言就是远大的理想、一切皆有可能、热情、梦想和努力工作，并且相信如果一天工作24小时，就没有什么是你做不到的。但你要意识到，并不是每个人都愿意一周工作七天，也不是所有人都会把工作当成生活中的激情所在。我认为激情非常重要，我经常会谈到它。你会发现，如果你过于有激情，就会让周围的人疲惫不堪。这会把人压垮，你认为激动人心的事情实际上是在消磨人的斗志。回想起过去的自己，和那时的我一起开会简直能吓死人。因为当时我觉得自己富有激情，很会激励人。而事实证明，过于有激情、过度激励他人是一种专横的表现，会让人丧失兴趣。因此，你必须明白这一点。你要控制自己。你觉得一首曲子很美妙，就把音量调大，结果声音太响，让人完全不想听。"

普卢梅里讲述了他是如何学到这一点的。

"拥有这种行事风格的人都会遇到这样一个问题，那就是很少有人会告诉他们这样做的不妥之处，"普卢梅里说，"你懂的，你不会直接走过去对某人说——你今天有点聒噪，或者你有点专横。我认为，你需要去关注别人。我觉得在我的工作中——或者在任何我能对人施加影响并做出改变的工作中——有一件事非常重要，那就是要去关注他人。关注他们的身体语言，关注他们对你是如何反应的。我记得有一位好友对我说过，'你可以比现在的你做得更好。'我问，'你在说什么呢？'他说，'如果你让别人有机会参与到那些令你兴奋的事情中，让他们跟你一起兴奋起来，而不是把让别人时刻保持兴奋当作你的责任，那么你一定能够成就一番事业。'我一直记着这番话。这并不是说我已经完全做到了这一点，我还在摸索中，这是一项正在进行的工作。"

梦工厂动画公司的CEO杰弗里·卡森伯格承认，在职业生涯的很长一段时间里，他一直都事必躬亲。

"如果要谈论我的缺点，那么事必躬亲一定是我最大的缺点。"

他坦承道。他说，部分是出于年龄和工作的原因，现在的他已成为一名与先前完全不同的管理者。

"如今，梦工厂有好几位员工都青出于蓝而胜于蓝，"他说，"这让我非常高兴。我发现我可以十分轻松地接受这样一个想法，如果有人能够把工作做得和我一样好，甚至更好，这是件好事。那样我就可以继续前进，去做别的事情。最近我学到的一点是，要当一名懂得选择的微观管理者。有些时候，事必躬亲是很好，但大多数时候并非如此。"

他讲述了这个学习过程。

"随着时间的推移，我身边员工的素质给我留下了深刻的印象，"他说，"我开始意识到，如果我想让自己被优秀的人所环绕，我就必须给他们让路，腾出空间，并确保他们能获得认可和赞誉，以及他们所应得的一切。说实话，这能让我在这个位子上待得更久。"

他还学到了在什么时候应该事必躬亲，以及什么时候应该放手。

"你需要随时切换管理方式，包括何时介入，何时放手，还要知道哪些事情比较重要，"他说，"比尔·达马切克是我们公司的新秀之一，他是工作室的创意负责人。几年前，他说了一句让我吃惊的话，这句话日复一日在我脑海里回荡着。他说，'杰弗里，与别人不同，不一定就是更好的。'

"所以，如果我喜欢一个演员用这种方式说台词，而导演却喜欢另一种方式，我的观点不一定总是更好的。拥有不同的观点，有时候是件好事，但不会一直如此，比尔的话让我真正思考了这一点。现在当我要对某件事做出回应时，我会先考虑五秒钟，尽量尝试自己消化一下。几十年来，在会议上讨论故事、电影片段、设计、插图或配乐时，我总是第一个发表观点。现在我不会这么做了。事实上，我还挺喜欢先听一听别人的说法。"

对于卡森伯格来说，这种方法的核心就是要尊重他人。

"我认为，尊重他人是领导力中最重要的品质——这样你才能赢得与你共事的人、你的员工、你的客户以及你的投资者的尊重，"他说，"对我而言，这才是成功领导的真正定义——赢得人们的尊重。根据定义，如果领导力存在，这就意味着他有追随者存在，而你只是与这些追随者同样优秀而已。我相信，追随者的素质与你给予他们的尊重是直接相关的。他们有多么尊重你并不是最重要的。你有多么尊重他们才是真正重要的。这才是领导力的一切。"

/ 第十六章 /

建立企业文化

任何时候，当人们投入到工作中时，都会下意识地做出一个决定。将多少自我带进公司？将多少自我形象和自我感知——我是谁、我想成为什么样的人、我的希望和梦想——留在办公室之外？他们会不会对自己说，"这只是一份工作，一份薪水而已"，然后咬紧牙关去忍受这份与自己没多少关系的工作？人们恐怕已经厌倦了亲眼目睹到的偏袒、双重标准以及那些根据老板当天心情而不断变化的规则。开会时他们闭口不言，双臂交叉在胸前，眼睛盯着桌子，避免眼神交流。他们不想参与其中，因为觉得毫无意义。长久以来，看着那些高管们做出愚蠢的决定，他们早已不抱希望。

著名卡通连环画《凯文的幻虎世界》（Calvin and Hobbes）中有一个令人捧腹的笑话，小凯文与他的玩具虎霍布斯玩的一个假想的游戏叫"凯文球"（Calvinball）。他们每时每刻都会制定出新的规则。"在凯文球游戏中，唯一不变的规则是，同样的游戏规则不能玩两次。"凯文在漫画中解释道。如果你是一个孩子，你可能会觉得很有趣，但这是否会让你想起你曾经工作过的地方？在那里，你永远弄不清规则，因为那些掌权的人似乎每天都在改变它们。

领导力中要求最高的一个方面，就是要建立一种积极的企业文化，让员工们能发自内心地投入到工作中。即使是从零开始创建一家公司，要做到这一点也是很难的，美捷步网的托尼·谢在回忆早期的创业经历时这么说道：

"大学毕业后，室友和我在1996年创建了一家名为'友情链接'（Link-Exchange）的公司，公司成长到100人左右的规模，然后在1998年，我们将公司卖给了微软，"托尼说，"在外界看来，2.65亿美元是一次非常成功的收购，但大多数人并不知道我们出售这家公司的真正原因。那是因为当时的企业文化完全在走下坡路。公司刚刚起步时，我们只有5-10个人，就像典型的网络公司一样。我们都很兴奋，昼夜不停地工作，在办公桌底下睡觉，根本不管今天是星期几。但我们并不懂企业文化，也没有对其加以注意。

"当我们有了100人的规模时，虽然我们聘用了具备合适技能和经验的人才，但我却害怕每天早晨起床，总是一遍又一遍地按下'再小睡一会儿'的闹铃按钮。我就是不想去办公室。热情和兴奋劲都没有了。对我而言，这是一种奇怪的感觉，因为这是一家我参与创立的公司，如果连我都有这种感觉，那么其他员工会作何感受呢？这实际上就是我们最终卖掉公司的原因。对我来说，我不想待在一家连办公室都不想进去的公司。"

每家公司——甚至公司内的不同部门——都可以像独立的国家一样，拥有独特的习惯和文化。企业文化一部分是由在那里工作的员工创造的产物，也是当你把一群人聚合在一起时，他们之间的互动不断积累的成果。另一部分则是领导力的产物。建立有效的企业文化是一门艺术，而在以企业盈亏、业绩为导向的商业世界中，企业文化往往被丢到次要位置，属于很好但不必要的一类东西。

然而，许多CEO都认识到，企业文化是驱动业绩的引擎，通过创建一种让员工们愿意来工作的文化——使他们不再把相当一部分自我暂存在公司大门之外——公司就可以实现出色的业绩，赶超竞争对手。

"我用一种很简单的模式来经营公司，"萨克斯公司的斯蒂芬·萨多夫说，"领导力位于顶端，它驱动着整个公司的文化。而企业文化又驱动着创新，以及你想在公司内推动的其他因素，创新力、执行力等。这些因素会驱动结果。当我与华尔街人士交谈时，对方真正想知道的是你的业绩，你的公司战略，公司有哪些问题，以及你为了推动公司业务所采取的措施。他们关注的是公司盈亏。从来没有人问过与企业文化、领导力、公司员工有关的问题。然而，事实恰恰相反，因为正是公司员工、领导力和企业文化才最终决定了账目上的数字和业绩。所以这完全是本末倒置。我试图教会人们一件事，那就是不要首先就问与数字相关的问题。让我们聊聊公司的员工，说说企业的文化，谈谈理念和创新吧。"

越扁平越好

在一个组织中，人们行事很容易以拐角办公室里的老板为风向标。这是人的本性使然。人们每时每刻都在询问老板在想些什么，如果老板发表了意见，就会有更多决策递到他面前等他批准。这种事传播得非常快，突然之间就会有一堆人排在办公室门外，等着老板做出决定，而不是他们自己做决定。毕竟，如果老板做出了某个选择，而这个选择最终被证明是错误的，那么除了老板自己，没有人会受到责备。

一些最成功的CEO已经开始采取措施——具备象征性和实用性的措施——以创建一种等级较少的企业文化，使人们可以自己做决定，并相互学习。在这些组织中，CEO们成了企业文化的推动者，而不是企业文化的焦点。

HCL科技公司的维尼特·纳亚尔就采取了一些令人印象深刻的措施，将众人的注意力从他的拐角办公室转移开。

"如果你在看待工作时，不把自己当作是首席策略官和提出所有想法的人，而是一位用心使员工创造价值的人，我想你将能获得成功，"他说，"我的工作就是确保每个人都能做自己擅长的事。"

"你必须建立一种突破原有信任尺度的企业文化。如何突破原有的信任尺度？那就要创造透明度。HCL公司所有的财务业绩信息都发布在我们的内部网站上。我们是完全公开的。我们会将所有问题都摆到台面上，并在内部网站上回答所有人提出的问题。我们将组织的金字塔结构倒转过来，使责任逆转成为现实。

"所以我的360度反馈会向5万名员工开放。反馈结果发布在公司内网，供所有人查看。3800名管理者参与了360度公开反馈——匿名制使人们能够直言不讳——反馈者可以在内部网站上看到反馈结果。这就是责任逆转。我们做的另一件事是确保每个人都明白，CEO是最不适合回答问题的人，我十分坦率地把这一点告诉了全体员工。

"我学会了在极端情况下该如何进行沟通。我问自己，要如何与员工交流，才能使他们不再仰视我，而是看到我的内心想法；怎样才能摧毁等级制度，传达'我是你们中的一员'？于是我决定参加员工们的大型聚会，在著名的宝莱坞歌曲声中跳舞。其实我根本跳不来，对吧？但我却在过道中与这些员工一起跳舞，不停喧闹。结果呢？结果就是，这完全打破了我们之间的隔阂。

"我再给你举一个例子来展示我们开展商业计划的方式。CEO的绝对权力是什么？就是你到我这儿来，向我汇报你将要做的事情，而我会坐在上帝赐给我的这把座椅上，告诉你我喜不喜欢这个计划。这种等级权力源于我能够评价你的工作。当我的孩子步入青春期，我就开始更频繁地登录脸书（Facebook）。这个网站显著体现了协作精神，人们能够坦率地相互理解，毫无障碍地分享自己的现状。似乎没有什么事情是保密的，他们对自己的生活不加掩饰，朋友之间彼此评论，现在这个网站做得很成功。而我这一代人则非常注重安全和隐私，于是我就想，我们之间的区别在哪里？将要为我们工作的是他们这一代人，而不是我这一代人。

"于是，我们开始让员工们把工作汇报记录下来，放到我们的内部网站上。我们会将其公开，进行360度全方位评估和探讨。这意味着你的下属可以浏览它，你的经理会看到它，你的同事也会看到它，每个人都能发表评论。我也好，你的经理也好，我们都能浏览这些内容。每份工作汇报都能被三四百人评阅。

"结果如何呢？我获得了一些十分有趣的经验。第一，由于你的下属能够看到计划，因此你不能说谎，必须诚实。第二，由于你的同事也能看到它，因此你要展示你的最佳成果。第三，你并不是向我学习，而是通过评阅他人的工作汇报在学习，通过别人给你的评论在学习。8000名员工同时参与，就形成了一个庞大的协作性学习社区。"

对胜科金仕达的克里斯托瓦尔·康德而言，首要工作就是要构建协作性文化。

"协作是管理中最大的挑战之一，"他说，"我认为，自上而下的组织结构之所以得以建立，是因为老板们懂的更多，或者他们能够获得更多的信息。如今，这些情况不再符合现实。人人都可以获取大量同等的信息。

"随着信息爆炸时代的来临以及从邮件开始的扁平化技术，我认为CEO需要把注意力更多地放在能够实现协作的平台上，因为员工们已经获得了全部数据。他们有获取所有信息的通道。你要努力构建协作型组织——如何让员工们获得认可？如何在人员高度分散的环境下选贤任能？

"答案是，允许员工们树立自己的名声，这个名声不受他们在组织中的级别，或在组织结构图中的位置影响。事实上，这个问题与金钱激励无关。我认为，他们之所以这样做，是因为来自同事的认可是一个非常强大的激励因素，而这一因素在现代管理中，基本没有得到运用。

"我们在公司内部网络上使用了一种类似推特（Twitter）的系统，我们称之为'亚美尔'（Yammer）。该系统可以让人们看到其他人正在做什么，可以共享信息，进行协作，展示自己的成果——这就是扁平化组织的精髓。我觉得老板的作用就是努力建好这些协作平台，而不是去做各种决策。他们更像是节目制片人，而不是领衔主演。我认为，太多的老板觉得自己的工作就是成为主角，而我不这么想。通过创造协作氛围，那些总是能做出正确决定的员工就会吸引大量的追随者，他们的工作成果则会被他们不熟识的人们津津乐道。这简直太吸引人了。"

关键是要让人们相互交流，而不是每一次决策都要把CEO牵扯进来。当员工们试图把决策权推给上级时，一些CEO会将其推回去。

汉高公司（Henkel）位于德国杜塞尔多夫，经营消费品和工业品，它的CEO卡斯珀·罗思德（Kasper Rorsted）采取了一个简单的政策来将决策权向下放行：他告诉公司全体员工，自己不会去阅读"抄送"邮件，即那些同时发送给他，但他并非主要接收者的电子邮件。

"如果他们想写电子邮件给我，直接写就行，"他说，"如果不是直接发送给我，那通常就是为了不承担责任。他们有他们的事情要做，我也有我的事情要做。我的意思是，如果这件事真的很重要，那他们应该直接把邮件发给我，但我不会去阅读一封只是抄送给我的邮件。我不会去看，而是直接删掉。"

美国家庭人寿保险公司的丹·阿莫斯表示，当员工请他做决策，而这些决策本该由员工自己做出时，他也会将这些请求推回去。"我的看法是，当你开始告诉员工该做什么时，他们就不会负责了；你反而要承担责任。我会把我的意见告诉他们，并对他们说，'听好啦，这是我的意见，但如果你采纳了这个意见却失败了，可别怪我啊。这是你的错。'我认为这么做会使他们更加强大。"

我们的价值观是什么

在理想状态下，企业的价值观是人们做出艰难决定时的向导。当问题进入灰色地带时——在重大问题上总是会出现许多灰色空间，价值观能帮助我们规范讨论的方向。我们相信什么？从长远来看，对我们而言真正重要的是什么？对于需要一种超越金钱的使命感的员工们来说，价值观也颇具号召力。

在美国企业界，公司价值观却只是口头说说而已。一大批小作坊准备就绪，以帮助公司起草使命宣言。公司的图标做好了，名片也印好了，但它们往往很快就会被遗忘。

另一些CEO在建立企业价值观方面则下了更多的功夫，他们不断强调，价值观是企业做出大大小小决策的指导性原则，以此来强调它的重要性。他们会确保公司遵守价值观中所体现的规则，因为他们知道，一旦说与做开始出现差异，人们就会翻个白眼，不再拿它当回事。

培养价值观体系没有固定的方法。有的CEO用自己的方式建立了企业价值观，还有的CEO让员工培养自己的价值观。另一种方法是由CEO来引导整个过程并出谋划策，或者聘请顾问加入，以促进相关讨论。需要注意的是，确立的价值观是否清晰易懂、易于履行，比过程本身更加重要。员工们能够适应不同的价值观体系，就像人们可以参加各种不同的运动和游戏。这些价值观是否发挥了作用？它们是否真的成了做出艰难决定时的指导原则，还是说只是被稍稍关注了一下，然后就被丢弃到一边？这像不像又一局"凯文球"游戏？

"我们会问自己,'什么样的价值观能够对公司起指导作用?'"Partners+Napier公司的沙伦·内皮尔说。"我们一开始提出了七项价值观,但现在当你走进我们的办公室时,会看到墙上只有三项:勇气、独创性、家庭。'家庭'这一项对我来说实在是很有趣,因为我45岁才拿到工商管理硕士学位。一位教授曾对我说,'你怎么能以一种家庭的价值观,来令你的公司成长壮大?'这让我好好思考了一番。我认为这其实是一种相互尊重,'我得到你的支持,我们将共建一个家庭,并彼此照应。'在那之后,我们公司的规模扩大了三倍,因此,那位教授的想法是错误的。我认为,人们每天都要上班,他们骨子里一定有某种东西,能帮助他们做出决策。我认为这一点非常重要,它也的确塑造了我的领导风格。"

美捷步公司就告诉员工们,企业价值观不只是一种建议——如果员工们不遵守,它们甚至可以作为解雇员工的依据。

"在美捷步,我们视企业文化为重中之重,"托尼·谢说,"我们一致认为,如果建立了正确的企业文化,那么大部分的事情,比如创建一个品牌来提供最好的客户服务,就将是水到渠成的事情。大约在五年前,我们确定了十项核心价值观,用来定义我们的企业文化。我们想要提出真正可以执行的核心价值观,这意味着我们真的会基于这些价值观来雇用和解聘员工,无论他们个人的工作绩效如何。考虑到这些标准,提出核心价值观其实相当困难。

"我们花了一年时间来做这件事。我发了一封邮件给公司全体员工,向大家询问我们的价值观应该是什么,并收到了一大堆不同的回复。实际上,最初的清单列了多达37项,经过压缩合并,反复推敲,我们最终提出了十项价值观。老实说,当核心价值观公布的时候,公司里抵触情绪颇多,包括我在内。我很犹豫,因为这像是那些大公司才会做的事情。但几个月之后,公司发生了巨大的改变。大家有了一种共同语言,公司里的所有人在想法上更趋一致。

"目前,我们实际上要进行两套独立的面试。招聘经理和他的团队会对求职者进行一轮常规的团队适应性面试,并考察相关的工作经历、专业能力等。但之后,我们的人力资源部门会再针对企业文化适应性做一套独立的面试。他们会按照每项核心价值观准备相应的问题。有些问题与行为有关。我们的价值观之一是,'创造乐趣和一点点古怪'。因此,我们的一个面试问题就是,你有多古怪?从1到10打分。如果你的分数是1,那么对我们来说,你可能有点儿太古板了。而如果你的分数是10,那么你可能又太神经质了。

"问题的重点并不是那些数字,我们更多地是为了了解候选人如何应对问题。因为我们相信,每个人多少都会有一点点古怪,这实际上是以一种更加有趣的方式在说,我们认可并接纳每个人的独特性,我们希望他们真正的个性能够在工作环境中发光发亮,无论是在与同事的相处中,还是在与客户的接触中。"

美捷步公司将透明度文化推到了极致,不过这可能会令一些公司难以接受。公司每年都会发布一本《企业文化年鉴》。托尼对这个过程进行了解释:"我们请所有的员工就美捷步的文化对他们的意义写上几段话,这些文字除了错别字以外,不会做任何修改,因此你能够读到所有正面和负面的评价。这有点儿像你在网站上读到的顾客评论,但这些文字完完全全是员工们对公司和企业文化的评价。我们会将其向来访者免费公开，任何人想要一份副本，我们都会提供。"

在美捷步，关于企业价值观的意见都是从员工那里征集来的。而在康泰纳零售连锁店，这些建议大部分来自创始人基普·廷德尔。

"我在达拉斯耶稣会高中读书时，研究了许多哲学问题，"他说，"有件事实在是令我震惊，那就是绝大多数人似乎认为，商业领域与个人生活应该采用完全不同的行为准则。而我始终认为，两者应该是一致的。因此，我们有一套基本原则，在公司里会不断地被强调。这些原则几乎都是老生常谈，有点儿黄金法则的意思，但这会触发两件事：一来，它使大家开始统一行动；二来，基本原则使我们能够对目标达成一致。虽然我们要解放每一个人，让大家自己选择达到目标的方法，但这个目标是所有人都认可的。这样一来，我们的员工就可以不受束缚地选择任何方法实现这些目标，但又不会造成混乱，因为我们的基本原则在某种程度上将大家绑在了一起。当我还是个孩子的时候，就被推上了学生干部的位置；在不断成长的过程中，我一直在思考，并保留了自己认为最好的一些想法。随着时间的推移，这些想法也就变得越来越以商业为导向。

"在康泰纳零售连锁店的开创初期，我们与每位员工的关系都非常紧密，因为当时我们的规模很小，如果你在管理员工的过程中，与他们产生了分歧，那么你要做的就是和他们一起出去吃顿饭，问题几乎就能够解决了。你可以去把事情摊在桌面上谈。随着公司规模的扩大，这变成了一种奢望，你很少有直接与员工们接触、谈论事情的时间。1988年，我们在休斯敦开设分店的时候，业务非常繁忙，以至于我们几乎有点儿难以应付。当时的工作量，几乎是我们先前的三四倍之多。我们招聘了很多与公司文化不太契合的员工。不断地招人、招人，这简直是一场噩梦，与我们的初衷相违背。企业文化和客户服务水平大不如前。因此，当时公司产生了严重的领导力失效的问题。

"当时，我们简直不知道该怎么办才好，因此我邀请了所有的员工，到分店经理的家里开了一次会。我确实很想成为一个好领导。我希望去鼓舞人心。我希望能传达给他们，我们目前缺乏什么，要如何得到它。这时，我想起了从前保留在脑海里的，那些我认为最好的想法，从中找出了能够指导我们开展业务方法的那几条，尽管它们从来没有被写出来过。我们想到了很多东西，但这些想法从来没有被讨论过。我以为他们会觉得这些想法非常老土，弄不好他们还会向我扔水果之类的东西。

"但事实证明，这太棒了。我在这几个月里做的事情，仅仅是去公司转上一圈，与员工们探讨一下这些基本原则，以及我们该如何将它们应用到公司的业务中去，如何利用它们将我们凝聚成为一个真正的团队、一个整体。我开始看到人们拥有极其强烈的自豪感，因为他们在为一家真正相信这一切的公司工作。当你开始了创业，你就变成了一个非常幸运的人，这是因为你有机会去用你的理念来塑造一家企业，这是一件非常酷的事情。"

讲公道

如果员工们感觉到公司里有双重标准的存在，那么没有什么会比这种感觉更能消耗员工团队的能量了。有些人得到了提拔，而更有能力的同事却没有；或是表现不佳的员工似乎受到"庇护"，得到了与那些更努力工作的员工相同的薪酬和奖金。许多CEO尝试创建一种公平的文化，并尽量减少那些引起内耗的办公室政治。

"我认为，'老板为公司定下基调'这句话，堪称真正的老生常谈，但是它的正确性毋庸置疑，"胜科金仕达的克里斯托瓦尔·康德说，"大多数公司都存在办公室政治的现象，这里的根源大部分在于公司老板，比如挑拨同事之间的关系，缺乏沟通，对待员工不够公平。他们允许'非正式组织结构图'的存在，尤其是这还与正式的组织结构图有很大的不同。我认为，员工在关注着你的行动，而他们最为关注的是公司里有谁被解雇。由于这种事情并不是公司的使命宣言或价值宣言，它是当员工们违反了核心价值观时，公司对待这群人的态度和方式。那是真正定义价值观的东西，它是'特例'。"

康德说，他的目标之一，就是建立一个"无摩擦的组织"，这样的话，干扰就会减少，人们可以集中精力工作。

"作为老板，你要从自己开始，以身作则，并将其发挥到极致，"他说，"我从来不提高分贝讲话。这是因为我偶然想到，当人们非常大声讲话时，他们是听不到别人说话的。所以，我说话很平心静气。很快，大家也都开始平静地说话了。

"另外，如果公司设立了非常明确的工作目标和薪酬计划，员工就不会感觉他们还有必要去议论他们的工资和奖金了。这是在年初就商定好的方案，就是这样。那些事只会让人分心，所以我认为，这种措施一定要从上层开始执行，慢慢地过渡到基层员工。目前，这个措施并不一定在所有员工中执行。因为无论在任何组织中，中层管理人

第三部分 管理人 / 209

员似乎都有着自己的一套规则；但是你可以通过它来大大影响公司这两个层级之下的员工的行为方式。"

在当上CEO后，美国安进公司的凯文·沙雷尔向他的管理团队发出了一个强有力的信号，给员工们指明：玩政治只会弊大于利。

"我还记得，当新的团队建立起来时，"他说，"我们设了一个晚宴，当大家都围坐在桌旁时，我说，'众所周知，我们是一个新团队，大家聚在一起，都为能来到这里感到幸运，但让我告诉你们一些事情。我曾经在一个办公室政治高手云集的地方工作过，我自己也并不是一个泛泛之辈。因此，我可以看得出来你是不是在搞政治。如果你们中的任何人想要搞办公室政治，我会立刻察觉，并开除他。'我们现在都笑称那是一次'定调会议'，而且我认为它卓有成效。"

Zynga社交游戏公司的马克·平克斯在公司里制定了一个不寻常的规则——员工可以选择调换到另一个经理手下的团队工作。这里的关键是，需要建立一种公平的文化、一种任人唯贤的制度，在那里员工会因为出色表现而获得奖励。

"只有当员工们感觉到他们的贡献得到承认和重视时，他们才会有动力把自己的一切投入到工作中，"他说，"如果他们看到，别人只是因为一份光鲜的简历，就比自己高高在上时，或是当他们见到自己认为本不应当被重用的人得到了提拔时，那你就完了。我的做法是，你必须赢得工作伙伴们的尊重。因此，如果你一进公司，就开始对四周的人颐指气使，使得大家不想与你一起工作，他们就可以不必跟着你工作。在我们公司，如果你想调换工作团队，是可以实现的。"

Partners + Napier 公司的沙伦·内皮尔已经在她的公司里建立了一

种文化,即人们要想升职,首先必须通过完成工作来"赢得"头衔,并且需要所有员工都同意他升职后,这次升职才会获得正式批准。

"我们常说,当我们提拔员工时,希望听到周围人这样说,'早就该提拔他了'——人们实际上已经在追随他,因此他在组织中自然已经上了一个台阶,"她说,"之后,我们认可这件事,给他晋升。

"你留意观察,可以看到人们正在追随着他们。你在办公室里转上一圈,可以看到他们正在主持部门会议,或是他们已经定下了与客户见面的时间,马上就要出门。他们的想法早已经超出了他们的职务范围。我们公司有一位创意总监,她刚刚升任副总裁一职,当我们在机构会议上宣布这件事的时候,大家都说,'她早就该升职了。她一直这样努力工作。'我们很喜欢这种情况,因为你已经赢得了同事和客户的信赖与尊重。它不是那种随随便便被授予的东西。"

让人们展示自己

在Partners + Napier公司,所有新员工都必须对公司全员进行自我介绍,包括那些每月通过电话参加会议的员工。这样做代表了一种态度:公司希望把你作为一个人来了解,而不仅仅把你看作是一个职位的填补者。自我介绍不是简单地说说"我的名字叫……"而已,公司期待新员工更好地展示自己。

"他们可以起身,花上五分钟做任何想做的事情,"沙伦·内皮尔说,"有些人会唱歌,有些人会表演小品。有些人会烤饼干,并且边烤饼干边聊,有些人会写博客。这里有他们能想到的一切事情。比如

'你应该了解我的十件事情'。他们具有令人难以置信的创造力。"

在金普顿酒店集团,新上任的经理都要参加一场呼啦圈比赛。

"在金普顿工作的重要能力之一,就是幽默感,"尼基·利昂达基斯说,"对于领导者来说,关键是要具有自嘲的能力,所以我们用呼啦圈来证明这一点。每年,在我们的年度大会上,我们都会召开一个总经理会议,加上我们的高管团队一起,大约有250人。会议要持续好几天。15年来,这几乎已经成了一个固定的仪式。所有的'新人'都会被我们请到会议室的前面,我们会播放音乐炒热气氛,他们则伴着音乐开始呼啦圈预赛。5个人一组,每组决出一个胜者。通常会有4-6组新人,每组的获胜者进入决赛,再决出冠军,最后由新任冠军与上届冠军做一番较量。"

天伯伦公司的杰弗瑞·施瓦茨则会在新员工会议上鼓励大家畅所欲言——以一种善意的调侃——传递与公司文化相关的信息。

"我会去参加每一个新员工的培训会,并带着大家做一下'热身运动',"施瓦茨说,"我对员工说,'我先来问大家一个很难的问题,那就是你叫什么名字?人力资源部的同事在这里。如果你不知道自己的名字,或是你紧张地忘记了,就看看那边,她会提醒你的。在说出自己名字之后,聊一聊你最喜欢的户外运动吧。'

"很快,你就会看到人们的回忆,栩栩如生的回忆,而我会这样说,'哦,对了,提醒大家一下,人力资源部的同事并不会把你的话记录在案,因此可以说尼亚加拉瀑布或大峡谷,或是其他任何你想说的话,不会有人会去找你核实这些的,请大家不要有任何压力。'

"因此,你在会议室里转上一圈,听到员工说的经历都各不相同。这是非常有趣的一件事。我曾经见过一位女士,当时感觉她的头好像要裂开一样,她是这么说的,'好吧,现在我不得不承认,我不属于这里,我最喜欢的地方不是步行小径,也不是崇山峻岭,我最喜欢曼哈顿,我喜欢它的味道。'我说,'很好!很好!'她说,'好吧,我真失败。'我说'不,你听我说',然后,我就会做一个简短的演讲。'我问你的名字,是因为我们录用的是你,而不是你的简历。不是你的兄弟,也不是你的姐妹;也不是你在上一家公司邻座的那个同事。我们聘用的就是你。每个人都很重要。

"我问的第二个问题是聊一聊你最喜欢的户外运动。也就是说,我再一次强调了我提的问题都是关于你本人的。随后你就会发现,每个人都会说出某个地点,我之所以会这么问,那是因为我们正在努力服务于户外精神这个概念。'这是一件很酷的事,虽然每个人各自的经验都很重要,但它的普遍性也是值得关注的。即使人们说出同样的一片海滩,他们时常会去那里玩,但就算每次都去同一片海滩,也会产生迥然不同的感受。因此,在招聘中,我竭尽全力地去探测那个藏在壳子里的人,因为能够在天伯伦公司成功的人,一定是善于展示自己的人。你一定要去展示自己。你去参加公司的全体会议,可以举手提问一个你不太理解的公司战略,你一定要站出来表现。

"你一定听过《教父》里的那句台词:'这与个人无关。生意就是生意。'但在天伯伦公司,我从一开始就会点明,这一切都与你个人有关。当然,这并不是要侵入你的私人生活,比如说,我不会去探究你生活中发生了什么事情。但如果你不愿在个人生活上展示自我,那么无论对公司还是个人恐怕都没有什么好处。

"你一定要愿意袒露自我，愿意认可自我，同时愿意尊重自我——从你一入职开始就要这样，这正是我们所要追求的东西。我的意思是，我们的公司目前正处于一个竞争极其惨烈的行业，而世界经济的大环境也正处于L型衰退，比V型和W型更加严重；除非我们能够为公司带来智慧以及智慧以外的东西，否则我们公司是绝无可能快速自由地发展的。"

员工们很容易沉浸在他们的舒适区里，每天只是面对着相同的一群人。Care.com网站的希拉·马塞洛制定了一项政策，以防止这种现象的发生。她每年都要把员工换到一个新座位上去，并由她来负责座位的安排。

"员工们对于他们的座位是没有选择权的，"她说。"部分原因是出于追求变化的考虑。这样一来，你就不会只与你的朋友一起聊天，也不会只和你的朋友坐在一起了。你与其他团队的同事坐在一起，就可以了解到他们的工作内容。他们在做些什么呢？他们在电话里都说些什么？他们是如何工作的？这能够让大家认识不同的人，让我们建立一个真正的大团队。我们每年都会这样做，而且，它现在已经成为一件令人兴奋的事情，员工们都很喜欢这样。"

要挑战，不要批评

假设一个团队的人员聚集在一起开会，有人大胆地提出了一个想法，而另一个人反对这个想法，对其进行质疑。最先说出观点的人是把质疑看作批评，大发雷霆并将议题延后，还是将其看作一场有益的辩论中的第一步，并且认为这个想法将会因辩论而得到完善呢？

这二者的区别，能够体现出员工所在公司的类型，以及高层为之定下的基调。公司的CEO是不是能够作为一个榜样，鼓励有益的辩论，并对尖锐的问题和挑战欣赏有加呢？或是他们早已定下了"不听我的就靠边站"的规矩呢？这两种基调，都会自上而下渗透到公司的每一个角落。如果一位经理人能够建立一种文化，这种文化欢迎挑战、鼓励挑战，将其视作建设性的反馈意见，或是对某个想法的压力测试的一部分，以确保它能够站得住脚，那么他就取得了难得的先机，他的员工们会愿意为公司付出更多。如果员工们感觉自己的意见是不受欢迎的，也没人愿意去听取，那么他们就会在上班之前，把自己更多的想法丢在公司大门之外。

"最重要的事情是，让人们去彼此挑战但不会彼此得罪，你要在公司中定下一个基本原则，使得人们很轻松自如地这样做，并且知道这件事对事不对人。"施乐公司的厄休拉·伯恩斯说。她对公司的员工们说，要克服被她称为"终极美好"的假象。

因为员工对公司的忠诚度高，公司被众多的"老兵"所占据，几十年来，施乐公司的内部文化一直被称为"施乐大家庭"。在伯恩斯的家庭里，她的母亲性格非常直率，对女儿抱有很高的期望。伯恩斯想要将这种精神更多地带到公司里。

"当我们在家里的时候，并不需要表现得与在外面一样好，"她在公司的一次大型员工集会上这样说道，"我希望我们能彬彬有礼，和蔼可亲——但我们首先还是要坦率——我们能够做到坦率的原因，就是我们都是一家人。"听众席上的员工纷纷点头。"我们都知道，我们知道我们在做什么,"她继续说道,并描述了一些会议的情况,会上一些人只是出席而另一些人只是在旁听。"当会议结束,我们离开的时候,有人会说,'天哪,简直是一派胡言!'我的意见是,'你在会上为什么不说这话呢?'"

AdMob公司的奥马尔·哈默伊说,公司会议的内容几乎全都是挑战现状,质疑哪些地方不妥,以及该如何改进的。

"我们花了大量的时间谈论一切有可能出问题的地方,"哈姆伊说,"这并不是说,我们正在试图变得更加消极。你谈一谈那些进展顺利的方面,当然也有它的作用。而如果你在那些不顺利的事情上花些时间,公司的效率就会大大提升。当我们的董事会会议有客人参加的时候,我会花些时间提前告诉他们,'别担心,公司不会分道扬镳的。一切都很好。这只是我们做事的方式。'"

"这只是意味着,在AdMob,没有人会羞于指出公司在某个产品或服务上存在的问题,即使这个产品或服务并不是他们负责的,也不属于他们的管辖范围。员工们不吝于指出这些问题,并且态度坚决,要求我们去解决这些问题。我认为,正是这一点让我们变得非常积极。我们只是毫不掩饰问题罢了。"

英伟达公司的黄仁勋说,"理智诚实"是他们公司的核心价值观之一。

"(理智诚实)就是能够做到直言不讳,尽快承认'我们犯了一个错误,我们已经走了弯路',然后有能力从中吸取教训,迅速调整,"黄仁勋说,"没有这种理智诚实,你就不会拥有一个能容忍失败的企业文化,这样一来,即使一个想法很有可能不合时宜,或不能正常运转，但人们还是会固守它很长时间，因为他们认为自己的声誉已经'绑'在上面了。他们不愿去承认失败。最后会导致，你会往一个不好的想法中投入太多，甚至会拿整个企业来冒险。我喜欢的人都能够做到直言不讳。如果事情是正确的，那么它就是正确的；如果事情是错误的，那么它就是错误的。如果某件事能够改进，那么它就是能够改进的。"

埃森哲公司的威廉·格林则试图在他的组织中创建一种以教练制和有益的辩论为特色的文化。

"我们的组织原则之一就是，成功的人是善于寻求帮助的人，"他说，"这听起来简单。但要让整个公司的人都相信，寻求帮助是一种实力的表现，而非软弱的表现，那就不是一件简单的事情了。去评判和批评别人往往很简单，任何人都可以做到这一点，但你却不会从中收获什么。我对我们的员工说，'我没有时间听你批评谁，但你随时可以来挑战我。'二者之间的区别很明显——批评，会提高人们的防范意识；而挑战则能够提高他们自身的能力。如果你领导一个组织，用挑战的方式去让每个员工变得更好，那么他们会做出让你惊喜的成绩。这是一种心态，而我在前进的道路上，终于有机会认识到二者之间的区别。"

"这跟学习是一个道理。如果你对学习这件事抱有激情，你就能够创造奇迹。在商业机构中，也是一样的道理。公司是不是有意愿和决心去改变？这与对学习有激情的人是相同的。有一些公司是否因为甘于现状，所以原地踏步、裹足不前呢？总结一下，这正是在美国乃至世界范围内赢家和输家之间的区别，很强烈的对比。"

该奖励，就要奖励

百胜餐饮集团的戴维·诺瓦克在本书第14章《小举动，大回报》中提到过，员工离开公司，无外乎两个原因：其一，他们与老板的关系处得不好；其二，他们的努力并没有被认可。一些CEO会确保员工的努力能够得到除工资形式之外的其他回报。

"每隔两个月，我就会把所有的美国员工召集到一起，"YuMe广告公司的迈克尔·马蒂厄说，"我想要告诉他们，我们现在的经营状况如何，我的脑袋里正在想什么；并且，还要对那些我们培养出来的、展示出领导品质的员工给予认可。我们会为员工颁发一个奖项，获奖员工会一直持有这个奖项，直到下次投票表决出新的优胜者。之后，他们将会把这个奖项传给新的得主。员工们投票选出的那个人，一定要能够代表我们公司：对他所做的事情充满激情，对改善周围人的状况感兴趣。这些人能够展示出谦逊的品质；他们无私奉献，他们为别人的成功而努力着。得到奖项的人是最看重团队利益的人。虽然他们也许并不是业务能力最强的人，但他们热爱工作，并能对周围人产生积极的影响。他们不会在午餐室里嚼舌根。这是我的信条之一。如果你对某些同事不满，请对那位同事说，'乔，这是我对你的看法。'然后跟他开诚布公地谈一谈。"

AdMob公司的奥马尔·哈默伊则采用了一种让人印象深刻的方式，让团队奖励自己所获得的成功，这种方式就是敲锣。

"我得到的最常见的反馈就是，我需要在一切顺利的时候，变得更加积极，给员工以更多的表扬。以让人舒服的方式谈论一些负面的事情，是可取的，但如果你自己的内心无法承认这是一件好事，结局往往是让双方都很累。

"根据这条反馈，我们所采取的措施，就是弄来了一面大锣。它最终成了我们公司文化中重要的一部分。当好事情发生的时候，我们会发一条信息给公司全体员工，把人们聚在办公室里，然后敲响这面大锣，并说'我们开发了新产品！''我们搞定了这个销售大单！''我们得到了这笔买卖！'诸如此类的话。这已经成了我们的文化中真正重要的组成部分。它成了我们事业兴旺的一个象征。

"我们大家对什么事情值得敲锣达成了共识。你并不希望因为一些司空见惯的事情，就把大家召集在一起把锣敲响。当我们的广告收入达到了100亿美元时，就会把它敲响；而当我们的广告额达到了1000亿美元时，我们再次将它敲响，但我们不会在每个100亿美元广告额达成时都专门敲响一次。每次敲响它，都意味着有一件特别的事情发生。当我们有一件极为值得纪念的事情时，我们会敲响'三重锣'——连续敲响三次，一次比一次更响亮。我们把它当作特别时刻的保留节目。"

全新的眼光

引进新员工，就会为企业文化注入新鲜血液。一些CEO会借此机会获得一个全新的视角。

"我认为，那些最好的想法都是来自那些勇往直前的员工，"萨克斯公司的斯蒂芬·萨多夫说，"我总是告诉新加入的员工们，'我希望你们在入职之后的头三个或四个星期内，当自己对于工作有一个想法或发现一个问题时，就马上拿笔记下来，然后贴在你的抽屉里。什么内容都可以。我们为什么要这样做呢？'

"我并不在乎你记录的内容是好是坏，我也并不希望你同任何人讨论这些内容。你只需要把它写下来，贴在抽屉里。在这个阶段结束之后，我想让你再看看这些记录纸。也许你会说，'现在，我明白了。现在我多少能理解一些为什么要那样做的原因。'或者你可以看着它，说，'我仍然想不通为什么要那样'，然后我希望你能够与我一道坐下来，聊一聊这些内容。就在你说，'我们为什么会一直这样做呢？这根本就不合理啊'的时候，我常常能找到一些真正有价值的点子。我见过很多大事、小事，它们是系统中的冗余部分，还产生了许多重复的工作。通过这种方式，这样的事情就会浮出水面。"

The Limited服装公司的CEO琳达·希斯利在公司新进经理人入职三个月之后，会听取他们的汇报。在这三个月期间，她要求他们多看多听，并从心里抵制一种思想，即他们必须证明自己，并带来立竿见影的影响。

"我对他们说，'花上九十天。在头几个月里，你所建立的工作关系，将会成为你成功的关键因素。尽量不要在会议中交谈。我知道你想通过展示自己的智慧，来证明自己真的很能干，配得上现在的职位。但是，如果你认真聆听，融入周围的环境中去，你会学到很多东西。'

"这件事对我来说非常重要，因为这样我可以从新员工那里获得不同的视角。听取新员工入职公司一段时间后提供的反馈，对我来说总是一件很有趣的事情，它让我思考，我们是不是有什么需要改进的地方呢？"

/ 第十七章 /

领导力究竟是什么

这恐怕是最终极的填空题之一了，可与"生命的意义是什么"以及"获得幸福的秘诀是什么"这样的问题相媲美。正如那些问题一样，它也有许多正确答案。在塑造成功领导力的众多因素中，我们总是能指出两点或二十点，声称它们就是关键，是秘诀，是那串打开保险箱的密码。

但领导力并不是那么简单的事情，因为提高领导力的过程需要将某位特定领导人的性格，他所领导的组织，他在某一时刻所面临的具体挑战，以及他所管理的员工们的个性等因素以独特的方式结合在一起。甚至试图给那些领导力准则排序也是徒劳的，因为一个人最重要的经验，对另一个人来说却可能是过时的。人们是通过亲身经验来学习领导力的，没有任何捷径。但那些掌握了领导技巧的CEO们，就像生活在高海拔区的夏尔巴人一样，能够对如何应对重重挑战给予一些指导。

在准备写作本书的过程中，我采访了大约75位CEO和其他高管人士，包括非营利组织的负责人，整理研究了近100万字的笔录。我寻找模式和主题，试图将管理和领导的艺术分解成各自独立的部分，预测通往成功并获得最高阶管理及领导能力所必备的品质。本书通过分享高管们最有用的经验、故事、技巧、诀窍、方法和智慧，主要关注"怎么做"。尽管CEO们能提供许多实用的建议，但还是有一个问题：领导力究竟是什么？那些能够联结领导力的各个技能——包括本书第一部分谈到的五种品质——并帮助一个人脱胎换骨成为领导的那些无形因素，究竟是什么？

在对CEO们的采访中，四个主题被提炼出来以回答这个问题，但还有许多可供探讨的空间。

无限的激情：一切皆有可能

许多人都善于最大限度地利用手边的资源和借助眼下的实际情况，领导们则更进一步：他们凭直觉就能判断出，目前还缺什么，机会在哪里——这是一种对于一切可能之事所持有的自信且坚决的乐观精神。对于组织今后的发展方向以及将要实现的目标，他们有着自己的想法，即使这些想法还很笼统和模糊。他们也许还没有详细的路线方针，但已具备模糊的想法，他们眼睛里的光亮，能够激发信心和大家的雄心壮志。

齐格网的丹·罗森维格说，他是从几位曾经共事过的著名企业家那里学到这一点的。

"在整个职业生涯中，对我而言最为幸运的事情，就是能与著名企业的创立者共事,包括 Ziff Davis 的比尔·齐夫(Bill Ziff),以及雅虎公司的杨致远(Jerry Yang)和戴维·费罗(David Filo),"他说,"我喜欢那些企业文化中蕴含的活力、热情以及那种'一切皆有可能'的无限激情,而不是花大量的时间去研究阻碍因素。

"在硅谷,如果你花许多时间去考虑那些阻碍因素,你将一事无成,因为你想得越多,事情就显得越不合理,毕竟之前没有人做过这件事。公司的创始人只需要弄清楚需要做什么,以及最好的处理方式是什么。这很有趣。这给我的思维方式、领导风格、管理模式,以及我所寻求的机会,都带来了显著的影响。

"我希望自己身边都是对过去无所畏惧、无所顾忌的人——他们不是消极对待,而是积极应对。他们赞赏已经完成的每一件事,但也一直在寻找完成这些事情的更好方法。当你以一种'一切皆有可能''如何为人们创造价值'的理念去领导别人时,就会赋予人们力量。当你被这种力量和士气所围绕时,你的眼界比任何时候都要开阔。"

洲际酒店集团的安德鲁·科斯莱特讲述了他在年轻时候的逸事,是一种品质帮助他把运动队团结在一起,即使是在比分悬殊的时候。

"我一直非常积极且自信,我想我从很久以前就是这样了,"他说,"我是非常有竞争精神的,但与别人接触时我却很好相处,这两者结合在一起,就使大家非常乐意成为我球队的一员。我会说出要将事情变得更好的打算,即使我还不知道我们要做哪些改变。我只是说,一切会好起来的。我不知道今后会是什么样子,但一定是非常美好的。在这个过程中,我们会爱上自己正在做的事,再喝上几杯啤酒,说说笑笑,一切都会好起来的。我走过来,坐到你身边,就能让你高兴起来，然后我们一起踏上征程。"

任何人都能轻易说出大胆的承诺和轻率的宣言，但为什么有些领导的身后追随者成群，而有些人却难以赢得人心？卡地纳健康集团的乔治·巴雷特说，一位有远见的领导首先要取得员工们的信任，然后员工才会追随他。

"信任涉及诸多方面，"巴雷特说，"首先，信任来自能力。人们必须相信你对所做的事情胸有成竹。他们必须真正信任你的判断力，因为你面对的数据如此复杂，所以他们必须相信你可以去粗取精，去伪存真。

"人们需要相信，你对这家企业未来的发展有着自己的看法。我们想要成为什么样的企业？他们需要相信，你了解他们，懂得他们的心思。你不一定要认识他们每个人，但你要明白在这里工作意味着什么，要把他们的利益放在心里。我想，当你可以做到这些的时候，你们就会成为一个强有力的集体。我觉得，人们有时会把领导力与个人魅力和决断力画等号。虽然我认为它们是非常强大的工具，也希望自己能两者兼备，但不能将其与领导力混为一谈。我认识许多非常有魅力却缺乏判断力和才干的人，他们无法成为出色的领导者。只不过他们在你身边，会给你带来乐趣。我还知道有些人做事果断，却缺乏判断力，这也是很可怕的事情。"

"围绕员工的自身能力构建故事"

高效的管理者就像一位好教练，可以让人们将本职工作做得更好。但领导们同时也有一种感觉，或者说是一种直觉，即他们能看出员工今后会有什么样的发展，即使员工自己看不出来。他们能看到一个人身上最优秀的地方，并且知道如何激发优势，或弥补缺点。他们还会指出各种可能性，包括新的工作机会、新的职业规划和发展道路，以帮助员工发展。他们知道对员工而言什么是最好的，也希望为员工提供最好的东西。致力于帮助手下员工的领导，会拥有坚定的追随者。

"我觉得，随着时间流逝，我已磨炼出倾听以及了解每个人的故事的能力，我会帮助他们围绕自身能力构建故事——一个开放式的，充分发挥他们能力的故事，"杜克能源公司的詹姆斯·罗杰斯说，"我在企业中发现的最重要的一件事情，就是人们对自我和自身能力的认识往往有所局限，而我面临的挑战之一，就是要释放他们的潜能。我相信，任何人只要在合适的环境下，几乎可以做到任何事情。

"我常常让员工们在公司内部流动，将他们推到令他们不舒服的地方。当然，人员的岗位职责是清晰的。你必须推动某些人走出自己的舒适区。你需要能感觉到某个员工是否愿意承担风险，因为如果你硬逼着他们去承担，而最后发现他们并不愿意这样做，那么这种做法很有可能就是错的。因此，这更多的是一门与感觉相关的艺术，而不是科学。这正是我所擅长的，当CEO的时间越长，我就越明白，什么时候'不'就是'不'，而什么时候'不'意味着'可能'。我想，他们最终会信任你的。他们必须相信，若非你对他们有信心，你是不会要求他们这样做的。他们必须相信，你在他们身上看到了连他们自己都无法完全看清的潜力。因此我认为，一定要让员工们信任我。我对他们说，

'我有信心,你能把这件事做好,但我还想让你知道,我就在这里,我会支持你,最终我会助你成功,因为我知道你可以。'"

百胜餐饮集团的戴维·诺瓦克也提出了类似的领导力哲学:

"我所认识的最好的领导,都会积极关注员工。一旦有员工显露出本领和才能,他们就会设法帮助他发挥潜能。这一直是我的管理理念。如果你的员工聪明伶俐,才华横溢,积极进取并且热爱学习,那么你的工作就是要帮助他们做到最好。我认为,一位杰出的领导,也是一位出色的教练,他会了解手下的人拥有什么样的才能,然后帮助他们发挥才能,使他们突破自我,实现更大的成就。要做到这一点,唯一的方法就是去真正关心为你工作的人。没有人会关心你,除非你先关心他们。但如果你真诚地关心别人,他们就会关心你,因为你在他们身上做出了承诺和投资。"

凝聚团队

从许多方面来说,CEO们常常片面地被看作是被金钱和贪婪驱动的生物,他们贪求名利,可能还是竞争的狂热爱好者。如果要从薪资福利这个角度来看(就像我一样,商业记者常常会从这个角度来评价他们),通常是批判性的,尤其是他们的薪酬和业绩之间存在差距的时候。高管的薪酬在许多方面仍存在缺陷。

对于许多高管来说,金钱的奖励是一个重要的驱动力,但对许多CEO来说,这还远远不足以激励他们。许多CEO详细讲述了他们的领导力哲学。在我遇到的CEO中,很少有人在职业生涯开始之际就目标直指拐角办公室,许多人表示,他们从未想过要领导一个大型组织(尤其是那些在大学里学习音乐的人)。他们最终能获得拐角办公室里的职位,并不是因为他们追求这个职位,而是因为他们表现得像领导一样,并因此获得了晋升。能够将一个团队凝聚在一起共同实现目标,是一种非常罕见的能力,CEO们往往因此获得了丰厚的回报。虽然在美国企业史上,自大狂妄的老板层出不穷,但在争夺人才资源的时代,命令控制型的领导方式是行不通的。

"首先,这不再与企业文化有关,"家庭购物网的明迪·格罗斯曼说,"你只要看看即将登上舞台的下一代人就会明白,那种需要别人来告诉你该做什么的观念已不再是我们的企业文化。坚持命令式管理的经理或CEO将无法留住那些充满智慧和激情的人才,因为这些人才想要获得某种形式的企业管理能力,以磨砺自己的才能。我会给他们一些挑战,希望他们能做到这一点。第二点则是,如今所有企业的员工都呈现出明显的多样化趋势,他们来自不同的地方,有着不同的成长轨迹。社会上命令控制型的家庭数量正在减少,人们也不希望拥有这样的文化。"

许多CEO认为,他们的作用是让企业文化蓬勃发展,而不是让所有人以一种文化为中心。

"我觉得自己不像是一名领导,"美捷步网的托尼·谢说,"我认为自己更像是某个环境的设计者,在这个环境中,员工们能够提出自己的想法,让企业文化可以随着时间的推移而发展、演变。所以,这并不是我凭空想象出的'这就是我们的企业文化'。也许可以作这样一个比喻,如果把员工和企业文化看作是正在生长的植物,那我并不想成为那株最大的被人仰望的植物。我会努力构建一个温室，让他们在其中茁壮成长。"

"我认为这与我本人没有关系，"The Limited服装公司的琳达·希斯利说，"我相信这与团队有很大关系。我认为，我的员工可以在任何他们希望的地方工作，而我的工作就是每天重新聘用他们一次，给他们一个理由来为我们工作，为我工作，而不是为其他任何人。所以，这与创造乐趣有关，与创造兴奋点有关，与保持员工的市场竞争力有关。我会鼓励员工，'走出去，看看市场上需要什么样的人才。你应该去这样做，然后回来告诉我你在职业发展中需要但目前还不具备的东西，因为这是我们欠你的。'我的员工对我说这是一种反主流文化的领导方式，'你居然让我去找另一份工作？'但我的重点是，我要能够重新把他们招聘回来。我要能让他们坚信，这才是对他们来说最好的机会。这就是我的领导力哲学。"

达登餐厅公司的克拉伦斯·小奥蒂斯说，大公无私是他领导力哲学的核心。

"这是我在早期学到的一课，随着时间的推移，在接触了许多不同的领导之后，我的理念得到了强化和巩固，"小奥蒂斯说，"我的观点是，领导应首先考虑他人。他们要为团队成员着想，努力帮助他们完成工作。他们要考虑到自己服务的那些客户。你的关注点应始终放在那些地方，你要考虑如何用得体的方式去应对不同的对象，而你最不该想的就是'这件事对我有什么意义？'

"我的前任，达登公司前CEO乔·李（Joe Lee）极其强调这个理念。当时我是公司的首席财务官。在2001年9月11日那一天（美国

"9·11"恐怖袭击发生当天），当我们都明白过来发生了什么的时候，公司召开了全体员工大会，乔开始讲话。他说的第一件事就是，'我们正努力了解在外出差的所有员工的情况。'他说的第二件事是，'我们饭店里有许多穆斯林同事和管理人员，他们在这期间会面临相当大的压力。因此，我们需要对这一点加以重视。'这两句话的分量非常重。在那天早上，原本有许多事情可以去关注，他却想到了出差在外的员工以及我们的穆斯林同事。"

在德国莱比锡城和美国都设有公司的Spreadshirt的亚纳·艾格斯讲述了给那些孤独时刻的奖赏——团队成就感。

"我想，在许多人的印象中，当CEO是一件很棒的事，因为你就是老板，"她说，"经常有人对我说，'但是做决定的人是你呀。'我就会说，'呃，不是的。我每天都要激励团队去做出正确的决定。'这不是一件容易的事，因为你无法做出所有的决定。也许在你的公司规模为20人时，通常是由你做决定，但只要规模再大一些，比如说再多上5个人，所有的决定就不一定是你来做了。

"这是一份非常孤独的工作。你不停地在董事会和整个公司之间周旋，并且经常会被夹在中间。我觉得这样的事情会让大多数CEO左右为难。你会感到很孤独。当我晚上10点还坐在莱比锡的办公室里时，我会对自己说，'我甚至不知道该给谁打电话说说这个问题。'我感到孤独、沮丧、精疲力竭……我独自应对，安然无恙地渡过难关。我知道它随时可能会来，我也期待它。这就是一连串的起起伏伏。

"但我最爱它的一点，就是我实在很喜欢让我的团队去完成他们原本认为自己根本无法完成的事情，这正是我做这份工作的原因。我就是喜欢激励团队共同完成一件事。这让我感到兴奋。当我看到他们为自己骄傲时,这真是一件很酷的事情。因为这意味着,我们让他们用比原本预想的更快的速度到达了目的地;或者说,我们让他们用比其预想的更完美的方式完成了任务。这是一件激动人心的事情。"

卡地纳健康集团的乔治·巴雷特也同意这一观点。

"我认为,领导者应该能从容面对肩上的重任,"他说,"不是所有人都能做到这一点。这很难,如果你不曾经历过这些,这将是一种与众不同的体验。不是所有人都能做到这一点,但我喜欢肩负重任,因为我觉得自己不是在单打独斗。我会把团队凝聚起来,共同承担重任。我喜欢这么做。"

"适当的平衡"

那么,一位经验丰富的CEO会对我们在本书开头提到的那一百位聪明、精力充沛且渴望晋升的工作人员们说些什么呢?成为老板所要付出的代价和承担的压力,与丰厚的薪酬相比,究竟值不值呢?

"这是一份劳神费心的工作,"德国汉高公司的卡斯珀·罗思德说,他还补充道,他给那些有朝一日会成为CEO的人的最好建议,就是首先问他们,"你真的想要这份工作吗?"

"在外界看来,这份工作非常光鲜,"他说,"但你要付出许多艰苦努力,你拿着工资,就得去做所有令你不舒服的事情。如果是去萨瓦那大草原打高尔夫球,就没有人会给你工资。人人都可以去做首席执行官,但这并不仅仅意味着光环。我并不是说,当首席执行官是一种苦难,但你作为一个人,必须能够忍受苦难。"

学习领导力这件事情也是很难的。这个过程永远没有终点,可能需要多年的试错,才能够让人们在这个职位上感觉舒适一些,并在管理手下员工时,在"友好但并非挚友"之间寻找到一个适当的平衡;同时,他们还要学会当一位没有太多"老板架子"的老板。

这个学习的过程,也许会花上将近十年,正如金普顿酒店集团的尼基·利昂达基斯的经历所示。

她说:"当时作为一个刚步入管理层的经理,我也曾经历过很多人经历过的事情,那就是对你手下的员工太过友好,以及去学习如何与周围一些事物保持适当的界限和距离。"

"我认为可以把人分为两个阵营。只有极少数人在升任主管或老板之后,就能够准确地定位出平衡点在哪里。我所认识的所有年轻经理,包括我在内,大家似乎都像钟摆一样,不是往这边,就是往那边——或是对权力过分热心,或是持一种'我是每个人的朋友,我希望他们能够喜欢我,如果他们喜欢我,也许我吩咐他们做事时就会容易一些'的想法。"

对于利昂达基斯来说,也是对于许许多多的经理人来说,他们花了多年的时间,才让这只"钟摆"慢慢地停了下来。

"坦率地说,这只是一个'犯错—学习—观察—试验'的漫长过程,主题是管理员工、辅导员工、聘用员工以及解雇员工,人们通过重复所有这些事情的实际过程来达到学习的目的,然后才明白'合适的中间立场的确存在'。

"当我在职业生涯中开始前进时,我所做的是让那只'钟摆'向另一个方摆动。当时,我周围的同级同事大多数是男性。他们的行为和做事方式与我有很大不同。他们善用理性做决策,更加严格,作风专断。我当时觉得,要取得成功,我就需要像他们一样。因此,我故意表现得和我想当然的'成功领导'一样。这是20世纪80年代初的事情了。对于那个时代的女士来说,我们都认为如果想要获得成功,或是被别人平等对待,那就需要穿得、做得都像男人一样,并确保周围的人都了解,你是一个用理性做决策的人,可以应对艰难的决定,并且拥有决断力。

"所以,当时我实际上是抑制了自己在领导力方面的一些优势——包括协作、包容、建设和创立团队。当时,我是在努力成为一个'别人'。直到有一天,我不得不去惩罚一个我非常喜欢和钦佩的员工。人力资源部门的同事介入进来,他们要求我解雇这个人。我对他们说,'这不公平。'因此,我与人力资源部门进行了一场谈判。谈判的结果就是,这个人被停职停薪一周。在如何跟她沟通这件事上,我十分煎熬,因为我无法把我要说的那些话与自己的内心统一起来。

"当时我的领导看出了我内心的煎熬,他对我说,'你知道吗?尼基,你只要用你真实的一面,像一位女士那样,好好地跟她谈一谈,并安慰她一下就行了,你可以做到的。你可以继续去做你必须去做的事情,但你没必要为这件事而做傻瓜。'对于我来说,这件事可以称得上是一个顿悟。因为我原先认为,如果我要表现出通常被认为是男性品质和特点的理性决策和决断力,就不能再对人心生同情了。因此,这对我来说是一次完全不同的经历,在跟那位员工的交流中,我同时表现出同情和问责这两种态度,并且很好地找到了这二者之间的平衡点。事实上，它给我上了非常重要的一课。从此以后，我在心里一直提醒自己，我可以在保持自我的同时，找到那个平衡点，既表现出同情，又能够凸显对方的责任。这二者之间并不是彼此排斥的。"

正是这种平衡感，最难以被领导们所掌握。这其中有那么多很明显的矛盾需要被化解。有效率的领导者，必须关心手下的员工，才能够让他们的工作更加出色；但同时，他们需要与对方保持一定距离，因为很多关于员工绩效的谈话都让人难以启齿。

"我学会了在并未疏离他们的同时保持距离，""卡罗尔的女儿"化妆品的创立者莉萨·普赖斯说，"我对每个人都非常友好，但在过去，我会在感情上非常投入，无论出于任何原因，当事情发生了变化，我失去了哪位员工时，我都会非常伤心。这种难过的心情是很难克服的，而在商业领域，它是没有存在空间的。因此，我在心里找到了这个有趣的距离。我可以与人们保持很好的关系，并与他们在工作中紧密合作，同时又保持距离。我现在感觉，我处于这样一种位置上，我可以和你很近，与你合作，但同时我并不会在感情方面有太多的投入。"

其他方面也需要进行平衡。你一定要自信——因为人们希望能够跟随一位自信的领导——但不要过于自信。你要对公司里发生的一切事，以及要完成的事项有所关注，但当你与员工们谈话的时候，一定要集中注意力——这是很多CEO都用过的一个词——这样，他们就不会对你留下"心不在焉"的印象。有时，领导力是要去掌握正确的答案；而有时，它则是能够提出正确的问题。

"领导力"能够被教会吗？这是很多首席执行官都时常问自己的

问题。这是一个很好的问题,但如果想回答它的话,还是要多做一些分析。如果这个问题是,"领导力能不能由一个人教会另一个人或另一群人?"答案是"不能"。因为,其中的变数太多了。在这里,真正的责任还是落在学生,即学习领导力的那个人身上。他们可以从自己的经验中学习,从"好老板"和"坏老板"身上学习,从同事和同龄人那里学习,从其他高管讲述的故事里学习。所有这些都会变成领导力拼图中的一部分,我们必须按照自己的理解、按照它的运作方式把它拼凑起来。那些已经以自己的方式完成了拼图的领导——至少是拼凑了一部分,因为这是永无止境的——能够在向人们传达出真实性的同时,还能够让团队在他们有效的管理之下,为一个共同目标而努力奋斗。

图书在版编目（CIP）数据

拐角地带：CEO必修的领导力课程 /（美）亚当·布赖恩特著；金阳，孙一文译. — 北京：北京联合出版公司，2019.3

ISBN 978-7-5596-2074-3

Ⅰ.①拐… Ⅱ.①亚…②金…③孙… Ⅲ.①企业领导学 Ⅳ.①F272.91

中国版本图书馆CIP数据核字（2018）第096194号

Copyright © 2012 by Adam Bryant
This edition arranged with C. Fletcher&Company, LLC through Andrew Nurnberg Associates International Limited

本书由北京东西时代数字科技有限公司提供中文简体字版授权。
北京市版权局著作权合同登记号 图字：01-2018-4047号

拐角地带：CEO必修的领导力课程
作　　者：【美】亚当·布赖恩特
译　　者：金　阳　孙一文
策划编辑：刘小乔　毛　丹
责任编辑：昝亚会　夏应鹏
装帧设计：＿＿＿MIA　刘珍珍

北京联合出版公司出版
（北京市西城区德外大街83号楼9层　100088）
北京富达印务有限公司印刷　新华书店经销
字数166千字　880毫米×1230毫米　1/32　印张7.5
2018年9月第1版　2019年3月第1次印刷
ISBN 978-7-5596-2074-3
定价：40.00元

未经许可，不得以任何方式复制或抄袭本书部分或全部内容
版权所有，侵权必究
如发现图书质量问题，可联系调换。质量投诉电话：010-82069336